Gütersloher Taschenbücher / Siebenstern 268

Paul Göhre

Drei Monate Fabrikarbeiter und Handwerksbursche

Sozialreportage eines Pfarrers um die Jahrhundertwende

Mit einem Vorwort und einem Kommentar
neu herausgegeben von
Joachim Brenning und Christian Gremmels

Gütersloher Verlagshaus
Gerd Mohn

Originalausgabe

CIP-Kurztitelaufnahme der Deutschen Bibliothek

Göhre, Paul
Drei Monate Fabrikarbeiter und Handwerksbursche:
Sozialreportage e. Pfarrers um d. Jahrhundertwende /
mit e. Vorw. u. e. Kommentar neu hrsg.
von Joachim Brenning u. Christian Gremmels.
Orig.-Ausg., 1. Aufl. – Gütersloh: Gütersloher
Verlagshaus Mohn, 1978.
(Gütersloher Taschenbücher Siebenstern; 268)
ISBN 3-579-03668-8

ISBN 3-579-03668-8

Gesamtherstellung: Clausen & Bosse, Leck
Umschlagentwurf: Dieter Rehder, Aachen
Printed in Germany

Vorwort

Dies ist der Bericht von einer Entdeckungsreise, von einer Reise in eine unbekannte Welt: Der evangelische Theologe Paul Göhre, der 1890 drei Monate lang anonym als Arbeiter unter Arbeitern lebte, berichtet von einem Experiment, das zu seiner Zeit ungeheures Aufsehen erregt hat; Göhre beschreibt das Leben von Fabrikarbeitern, ihre Umwelt und Innenwelt. Es ist die »erste deutsche ›Sozialreportage‹ aus dem vierten Stand« (Th. Heuss).

Die Neuedition der 1891 zuerst erschienenen Schrift will als eine Aufforderung an den heutigen Leser verstanden werden. Der Leser wird eingeladen, ein Zeitalter – die wilhelminische Epoche – zu besichtigen. Neu ist die Perspektive des Berichterstatters; es ist die eines Akademikers, der, weil er selbst als Arbeiter gelebt hat, die Verhältnisse kennt, die er beschreibt: Arbeitssuche, Arbeitsplatzwechsel, Sonntagsarbeit, Teilarbeit, Akkordarbeit. Göhre schreibt nieder, wie gedacht und worüber gesprochen wird: über Bismarck, den Kaiser und das Heer, über Sozialdemokratie und Revolution; seine Themen sind: die materielle und soziale Lage seiner Arbeitsgenossen, ihre politische Gesinnung, sittliche Zustände, das Bildungsniveau, die Stellung zum Christentum. Am Ziel seiner Reise angekommen, entdeckt Göhre eine dem wilhelminischen Bürgertum unbekannte Welt: das proletarische Leben.

Zur Neuedition ist zu bemerken: Die Taschenbuchausgabe gibt den Text der Erstveröffentlichung (1891) gekürzt wieder. Die Herausgeber haben notwendig werdende Kürzungen, zu denen sie sich nicht ohne Bedenken meinten entschließen zu müssen, an den beschreibenden und beobachtenden ersten sechs Kapiteln vorgenommen. Das ›Ergebnisse und Forderungen‹ benennende Schlußkapitel gelangt vollständig zum Abdruck. Die Herausgeber haben in der von ihnen vorgelegten Fassung von ›Drei Monate Fabrikarbeiter und Handwerksbursche‹ Charakter und Intention dieses erstmalig wieder zugänglich werdenden Buches zu wahren gesucht. Zur Erläuterung der theologiegeschichtlichen Bedeutung von P. Göhres Buch verweisen wir auf den wissenschaftlichen Kommentar, der – in Ergänzung des Textteils – dieser Ausgabe beigegeben ist.

Joachim Brenning
Christian Gremmels

Drei Monate Fabrikarbeiter

und

Handwerksbursche

Eine praktische Studie

von

Paul Göhre

Kandidaten der Theologie

Generalsekretär des evangelisch-sozialen Kongresses in Berlin

Erstes bis zehntes Tausend

Leipzig

Fr. Wilh. Grunow

1891

Seinen Arbeitsgenossen in der Fabrik

Der Verfasser

Inhalt

Vorwort

Die nachstehenden Mitteilungen sind auf Grund ausführlicher Notizen, die ich während meiner Arbeiterzeit aufgezeichnet habe, gemacht worden. Einiges ganz Wenige davon ist aus Artikeln, die ich im vergangenen Herbste in die »Christliche Welt« über meine Erlebnisse geschrieben habe, herüber genommen. Die Lückenhaftigkeit meiner Mitteilungen gestehe ich zu. Das ist bei einem nur dreimonatlichen Studium selbstverständlich. Was ich aber gesehen und gefunden habe, habe ich mit der Objektivität darzustellen versucht, die nur immer einem Menschen möglich ist, der nicht aus seiner Haut heraus kann. Ich warne dann noch ernstlich vor einer Verallgemeinerung der von mir gefundenen Ergebnisse. Ich gebe zu bedenken, daß alles, was ich berichte, nur von den sächsischen Industriearbeitern Geltung hat.

Ich habe das Buch meinen ehemaligen Arbeitsgenossen in der Fabrik gewidmet als ein Zeichen des Gedenkens, der aufrichtigen Liebe und Zuneigung, die ich immer gegen sie hegen werde. Sie mögen darin das Bekenntnis sehen, daß ich meine ganze Lebenskraft in den Dienst ihrer Sache stellen will. Trotzdem bin ich auf Verdächtigungen gefaßt. Aber ihnen allen gegenüber erhebe ich den Anspruch, daß ich, selbst aus einfachsten Kreisen herausgewachsen, es nicht weniger ehrlich mit ihnen meine, als es andre von sich behaupten.

Mit einem Appell an meine Alters- und Standesgenossen möchte ich diese Worte beschließen. Ich bitte sie dringend, es mir nachzuthun, allein oder zu zweien, aber mit offnem Visier, zu keinem andern Zwecke, als die ärmern Mitbrüder und ihre Lage, ihre Gedanken, ihr Sorgen und ihr Sehnen kennen zu lernen, ihnen durch solche Opfer die Liebe und Achtung zu zeigen, auf die sie einen Anspruch haben, und im künftigen Berufe dann vorurteilslos und ernst da für sie einzutreten, wo immer sie recht haben.

Berlin, Anfang Juni 1891 *Der Verfasser*

Erstes Kapitel

Mein Weg

Anfang Juni des vorigen Jahres hängte ich meinen Kandidatenrock an den Nagel und wurde Fabrikarbeiter. Ein abgelegter Rock, ein ebensolches Beinkleid, Kommißstiefeln aus der Militärzeit, ein alter Hut und ein derber Stock bildeten meinen abenteuerlichen Anzug. Eine vielgereiste Umhängetasche fand sich dazu, die nötigste Wäsche aufzunehmen, und gab, ein Paar Schuhe und die vorschriftsmäßige Bürste oben aufgeschnallt, einen prächtigen »Berliner« ab. So zog ich eines frühen Morgens in struppigem Haar und Bart als richtiger Handwerksbursche mit klopfendem Herzen von daheim aus und bald darauf zu Fuß in das mir unbekannte Chemnitz ein. Hier in Chemnitz, dem Mittelpunkte der ausgedehnten sächsischen Großindustrie, habe ich fast drei Monate *unerkannt* als einfacher Fabrikarbeiter und beinahe ohne jeden Verkehr mit meinesgleichen gelebt, habe in einer großen Maschinenfabrik mit den Leuten täglich elf Stunden gearbeitet, mit ihnen gegessen und getrunken, als einer der ihrigen unter ihnen gewohnt, die Abende mit ihnen verbracht, mich die Sonntage mit ihnen vergnügt und so ein reiches Material zur Beurteilung der Arbeiterverhältnisse gesammelt, das mitzuteilen ich im Folgenden versuchen will.

Seit Jahren für das Studium der sozialen Frage vom religiösen und kirchlichen Standpunkte aus erwärmt, war es vor allem eines, das mich bisher einen klaren Blick, ein sicheres Urteil, einen festen Haltepunkt zu gewinnen immer wieder verhinderte: die zu geringe Kenntnis der Wirklichkeit, der thatsächlichen Lage derer, um derentwillen wir eine soziale, eine Arbeiterfrage haben. Zwar giebt es eine reiche Litteratur. Aber wer verbürgte mir die Richtigkeit der gegebenen Darstellungen? Wo ist die Wahrheit? Bei dem Optimisten, der die Lage der Arbeiter als durchaus nicht so erbarmungswürdig schildert, oder bei dem Pessimisten, der alles Schwarz in Schwarz sieht und die Zukunft nur als Revolution? In den sozialdemokratischen Schriften, die, so scharf und bedeutungsvoll ihre Kritik an den bestehenden Verhältnissen auch ist, doch für nichts weniger als unparteiisch und sachlich gelten und, fast alle Agitationsschriften, jedenfalls wissenschaftlichen Wert nicht beanspruchen können? In den weniger zahlreichen Äußerungen von Arbeitgebern, die in dieser Angelegenheit ebenso Partei sind, wie die Arbeiter selbst? Oder gar in unsrer periodischen und Tagespresse, die beinahe durchgängig *Parteipresse* ist und als Vertreterin bestimmter Interessengruppen die Dinge immer nur von ihrem einseitigen, egoistischen Interessenstandpunkte aus zu würdigen und zu Gunsten ihrer Partei auszubeuten geneigt ist? Oder endlich in den Schriften von Geistlichen? Gewiß wird dem Pastor durch seine seelsorgerische Thätigkeit eine Fülle von Erfahrungen zur Verfügung stehen; ob aber gerade besonders reichlich und der Wirklichkeit entsprechend unter den Arbeitern, die je länger desto mehr sich von der Kirche und ihrem Einflusse fern zu halten suchen? Und dann ist eins zu bedenken: vor dem Träger des geistlichen Amtes pflegt sich jedermann, auch der Arbeiter, gern in sein Sonntagsgewand, thatsächlich wie bildlich gefaßt, zu werfen; die innersten Gedanken der Leute, ihre Gesinnung, die sie nur äußern, wenn sie unter sich und unbelauscht sind, lernt auch er nur sehr schwer und lückenhaft kennen. Und eben das war es, was ich vor allem wissen wollte, um darauf mein weiteres Studium und meine spätere Arbeit bauen zu können: *die volle Wahrheit über die Gesinnung der arbeitenden Klassen, ihre materiellen Wünsche, ihren geistigen, sittlichen, religiösen Charakter.*

Wie aber ergründen, was sich so gerne dem forschenden Auge entzieht? Das beste, geradeste, wenn auch nicht eben bequemste war, wenn ich selbst unerkannt unter die Leute ging, mit eignen Ohren hörte und mit eignen Augen sah, wie es unter ihnen steht, ihre Nöte, ihre Sorgen, ihre Freuden, ihr tägliches einförmiges Leben selbst miterlebte, die Sehnsucht ihrer Seele, ihren Drang nach Freiheit, Besitz, Genuß belauschte und selbständig nach den innersten Triebfedern ihrer Handlungen suchte. Wie malt sich eigentlich die Welt in den Köpfen dieser Leute, die nun schon seit Jahrzehnten vielleicht unter dem Einflusse der sozialdemokratischen Führer stehen? Welches sind, eine Frucht jener Agitation, ihre sozialen und politischen Vorstellungen, welches ist ihr sittlicher Charakter, ihr innerstes religiöses Empfinden, die Stellung der Einzelnen zur Kirche? Haben sie überhaupt noch religiöse Bedürfnisse? Und wenn, auf welchem Wege können sie ihnen am besten befriedigt werden? Wie ist den Verhetzten und – zum großen Teil mit Recht – Verbitterten überhaupt erst wieder nahe zu kommen? Das alles konnte ich nur an der Quelle, selbst Arbeiter unter Arbeitern, erfahren. Also – heran an die Quelle!

Als ich um die Mittagszeit in Chemnitz einzog, war ich, absichtlich ohne bestimmten Plan, völlig dem Zufall überlassen. (...) Ich fragte mich nach der Zentralherberge durch. Die Herberge war zugleich Arbeitsnachweisstelle und gehörte räumlich zum Vereinshaus des, wenn ich recht berichtet bin, freisinnigen Chemnitzer Arbeitervereins.

Das vordere Zimmer der Herberge war mit einigen jungen Leuten in Sonntagskleidern und mit mehrern Handwerksmeistern besetzt, die hier auf zureisende Gesellen warteten. Auf einer großen Tafel an der Wand las ich: Zureisenden ist der Aufenthalt im vordern Zimmer nicht gestattet. So ging ich ins hintere. Dort sah es noch öder aus. Mehrere große graue Tische, um sie herum vielgebrauchte, mitunter durchgesessene Holzstühle bildeten neben einer alten Handwerkslade und dem primitiven Schenktische die einzigen Möbel dieses Zimmers, das mit einer dunstigen, dicken Luft gefüllt war. An den Wänden hingen viele Plakate mit Adressen von Herbergen der verschiedensten Städte. Es waren nur vier Mann in diesem Zimmer. Drei in blauem Kittel, die Hüte auf den Köpfen, saßen zusammen, ein andrer für sich.

Ich setzte mich schüchtern in eine Ecke. Es wurde mir in der neuen Umgebung doch etwas bang zu Mute, und ich dachte in diesen Augenblicken, wohl das einzigemal, ernstlich an eine Umkehr.

Ich saß etwa eine halbe Stunde und wartete. Ich mußte, noch völlig unerfahren in dieser Lage, zunächst die Dinge einfach an mich herankommen lassen. Und sie kamen in der Gestalt des dürren beweglichen Männchens, das dort einsam am Tische saß. Er trat auf mich zu:

Guten Tag, Landser (Landsmann).

Guten Tag, Landser, antwortete ich.

Auch einer von der Zunft? – Damit hielt er mir seinen ausgestreckten Zeigefinger vor die Augen.

Ich wußte nicht, was er damit wollte. Doch ich ahnte, wie es sich gleich nachher herausstellte, mit Recht einen Schneider in ihm und sagte jedenfalls Nein.

Was bist du denn? forschte er weiter.

Expedient, Schreiber.

Und warum bist du auf der Walze (Wanderschaft)? Sage mal – damit rückte er vertraulich an mich heran –, es ist wohl nicht ganz richtig mit dir? Mir kannst du es schon erzählen. Du siehst noch so anständig aus, du bist wohl durchgebrannt?

Nein, sagte ich sehr einsilbig.

Oder kommst du vom Zuchthause? ...

Das war ein schöner Anfang. Doch durfte ich mein Schneiderlein nicht fahren lassen. Ich wurde zunächst grob.

Dummer Kerl, glaubst du mir nicht, was ich dir erzähle? erwiderte ich, das allgemein gebräuchliche Du, das mir bald ganz geläufig war, ihm zurückgebend. Ich bin ein Expedient und habe zuletzt fast zwei Jahre lang bei einem Pastor gearbeitet, der eine christliche Zeitung herausgiebt. Ich wäre auch noch dort; aber ich bekam von dem Korrekturenlesen und von nächtlicher Privatarbeit schwache Augen. Der Doktor verbot mir, sie diesen Sommer über nur im geringsten anzustrengen. Aber so lange zu bummeln, geht nicht; zu Hause zur Last liegen will man auch nicht. So bin ich hierher gekommen, um mir unterdessen in einer Fabrik etwas Verdienst zu suchen. Da brauche ich – setzte ich hinzu – doch die Augen auch nicht viel mehr aufzumachen, als wenn ich faulenze und immer spazieren gehe.

Zur Bekräftigung dessen zog ich ein Arbeitszeugnis hervor, das mir der Herausgeber der bekannten »Christlichen Welt«, in deren Redaktion ich fast zwei Jahre lang als Hilfsarbeiter beschäftigt war, für alle Notfälle ausgestellt hatte, laut dessen ich so und so lange bei ihm in der Redaktion als Schreiber und Expedient gearbeitet hätte.

Das wirkte. Mein Schneiderlein bekam Mitleid mit mir.

Ich habe jenes Zeugnis nur noch einmal zu gebrauchen nötig gehabt. Auch in der Fabrik glaubte man meiner bloßen Erzählung und schob allerhand Kenntnisse, die man trotz aller Gegenbemühungen meinerseits doch bei mir entdeckte, auf die nächtlichen Studien – wie ich das ja auch gewünscht hatte. Dennoch hat es mich immer eine große sittliche Überwindung gekostet, wenn ich meinen Arbeitsgenossen schon diese Geschichte vorlügen mußte, und ich benutze diese Gelegenheit, um ihnen auch an dieser Stelle öffentlich dafür Abbitte zu leisten. Ich habe vorher lange nach einem andern Wege gesucht, aber kein besseres Mittel gefunden, um *unerkannt* unter ihnen sein zu können. Das war aber die erste Bedingung, wenn ich mein Ziel nur annähernd erreichen wollte. (...)

Über acht Tage lang habe ich mich in dieser Zentralherberge herumgetrieben, meist auch die Nächte hier zugebracht, für mich fürchterliche Nächte in dem gemeinsamen Schlafraume mit schmutzigen, stinkenden Betten, Stickluft und vielem Ungeziefer. (...)

Aber mein Herbergsaufenthalt war doch nur Mittel zum Zweck. Einen Teil jedes Tages benutzte ich darum, um, vielfach in Gesellschaft eines Westfalen, Arbeit in einer Fabrik zu suchen. Wir bekamen sie nirgends. Überall fanden eher Entlassungen als Neueinstellungen von Arbeitern statt. Die MacKinley-Bill warf schon damals ihre Schatten voraus. Außerhalb der Fabrik war auch für den gänzlich Fremden eher Arbeit zu finden. So konnte ich sofort bei einem Brunnenmeister antreten. Aber das war nicht mein Wille. Ich mußte, um meine Absicht auszuführen, in eine größere Fabrik.

So blieb nichts übrig, als mich doch einem Fabrikanten zu entdekken. Gleich die ersten, die ich anging, die Direktoren einer großen Maschinenfabrik, waren auf das Uneigennützigste bereit, meinen Wunsch zu erfüllen. Ich wurde als gewöhnlicher Handarbeiter eingestellt. Außer den beiden Herren, die mir strengste Verschwiegenheit zusicherten und ihr Versprechen treulich gehalten haben, wußte niemand sonst in der Fabrik, wer ich war. Auch sie behandelten mich, meiner Bitte gemäß, wie jeden andern Arbeiter.

Es ist hier der Ort, meine ehemaligen Arbeitsgenossen über die ihnen vielleicht auftauchende Besorgnis zu beruhigen, daß ich den Herren meine täglichen Beobachtungen in der Fabrik etwa mitgeteilt haben und ihr Zuträger gewesen sein könnte. Es war jedoch gleich bei meinem Eintritt in die Fabrik zwischen uns als selbstverständlich vereinbart worden, daß dies nicht geschehen dürfte. Zum Beweis, wie gänzlich unmöglich dies überhaupt war, führe ich an, daß ich nach meiner Einstellung nur noch einmal mit den Herren längere Zeit gesprochen habe. Das war, als ich mich von ihnen verabschiedete. Auch da haben wir uns nur über Arbeiterverhältnisse im allgemeinen unterhalten.

Ich wurde in der Abteilung für Werkzeugmaschinenbau beschäftigt und war einer Kolonne von fünf Handarbeitern zugeteilt, die überall da zugreifen mußten, wo Not am Manne war. Dadurch sah ich mich, was äußerst wertvoll für mich wurde, nicht an einen bestimmten Platz gefesselt, sondern hatte volle Bewegungsfreiheit und stets Gelegenheit, mich fast jedem der Hundertzwanzig mehr oder weniger zu nähern.

Es war schwere, mir ungewohnte Arbeit, die wir zu verrichten hatten. Da mußten eben aus der Gießerei gekommene Eisenteile der verschiedensten Form und Größe und oft viele Zentner schwer abgeladen, gewogen und zu den einzelnen Arbeitern sowie wieder zwischen diesen hin und her transportiert werden, je nachdem sie gerade zu bearbeiten waren. (...)

Mitunter wurde man auch aushilfsweise in der Schlosserei verwendet und hatte z. B. in starke Eisenteile Löcher von verschiedener Tiefe zu bohren. Wenn ich so in der ersten Zeit täglich fast elf Stunden mit der Handbohrmaschine, oft in der ungemütlichsten Haltung, liegend oder gebückt oder auf einer Leiter stehend gebohrt hatte, vermochte ich manchmal des Abends vor Schmerzen in den Armen kaum einzuschlafen. (...)

Aber es kamen auch bessere Zeiten: Stunden, halbe und ganze Tage, wo es nicht viel oder nur leichte Arbeit gab. Solche Zeit wurde von mir stets doppelt fleißig zum Verkehr mit meinen Arbeitsgenossen ausgenutzt. Dann ging ich von dem einen zum andern, und während dessen Maschine rasselte, lenkte ich unser Gespräch von dem zu jenem Gegenstande, worüber ich gern sein Urteil haben wollte. (...)

Ja fast jede gemeinsame Arbeit, jede Handreichung bot so günstigen Anlaß zu interessanten Studien. Ich machte aus meiner religiösen Überzeugung kein Hehl, und das rief den Widerspruch hervor. Ich ließ erkennen, daß ich über manches nachgelesen und nachgedacht hatte, und das wurde für viele die Ursache, die verschiedensten und mitunter wunderlichsten Fragen an mich zu richten. Bald hieß ich der »Doktor«, der »Professor«. Einer meinte, an mir wäre ein Pastor verloren, ein andrer hielt mich für einen heruntergekommenen Studenten, ein dritter machte mir Aussicht, einmal Reichstagsabgeordneter zu werden. Daß irgendwem eine richtige Ahnung von meiner Person und meinen Plänen aufgegangen ist, glaube ich trotz alledem nicht, habe jedenfalls keinen Anhalt dafür, es anzunehmen. Der Gedanke, daß ein Gebildeter selbst nur auf Zeit auf allen Komfort, seinen Beruf und seine immerhin hohe Lebensstellung freiwillig und um ihretwillen verzichten könnte, kam den Leuten nicht, war für sie wohl einfach undenkbar. (...)

Ich hatte gleich nach meinen Herbergserlebnissen den Plan, mich als Schlafbursche in einer Arbeiterfamilie einzumieten, aufgegeben. Ich sah, daß es einfach über meine Kräfte gehen würde, nach so ungewohnter Tagesarbeit auch noch mehr oder weniger schlaflose Nächte durchzumachen. Auch brauchte ich die späten Abendstunden sehr notwendig, um unbeobachtet die Eindrücke des Tages klären und meine Notizen machen zu können. So begnügte ich mich damit, mir mitten in einer Arbeitervorstadt bei einer schlichten Familie ein kleines Stübchen zu mieten, das vor mir erst ein Schlosser, dann ein Kaufmann bewohnt hatte, von derselben ganz einfachen Art, wie sie junge Arbeiter auch sonst mitunter bewohnen.

Um aber den Schlafstellenjammer doch wenigstens etwas kennen zu lernen, verließ ich Mitte August die Fabrik und verwendete – als Arbeitsloser – die nächste Zeit meist auf die Besichtigung von freistehenden Schlafstellen. Der tägliche Wohnungsanzeiger des »Chemnitzer Tageblattes« wies mir die Wege. Eine Düte mit Zukkerzeug hatte ich auch stets in der Tasche, und wo immer ich Kinder traf, teilte ich daraus mit. Das öffnete mir Herz und Mund der Mütter und gestattete, daß ich mitunter ziemlich lange in einzelnen Familien zubrachte. So habe ich im ganzen doch etwa sechzig Schlafstellen wenigstens gründlich *gesehen.* Ein Sozialdemokrat hat in einer öffentlichen Versammlung zu Göttingen diese Methode, »das Schlafstellenwesen durch Mietsvorspiegelungen und Erregung irriger Hoffnungen zu rekognoszieren«, als »unwürdig« hingestellt. Ich erkläre hiermit, daß es jedem frei steht, zur Vermietung angebotene Wohnungen sich anzusehen, und daß ich keine Familie bei meinem Weggang darüber im Unklaren gelassen habe, daß ich die betreffende Schlafstelle *nicht* annähme.

Schließlich packte ich abermals mein Bündel und zog, wieder

Handwerksbursche, von Chemnitz aus ins Vogtland hinein. Aber ich kam nicht mehr weit. Ich fühlte, daß meine Elastizität zu Ende war. So brach ich, wohl allzu plötzlich, ab und kehrte Ende August nach Hause zurück.

Soviel zur Orientierung über meine äußern Erlebnisse, über den Weg, den ich bei diesen Untersuchungen ging. Nunmehr diese selbst und ihre Resultate.

Zweites Kapitel

Die materielle Lage meiner Arbeitsgenossen

Wir waren etwa fünfhundert Mann in unsrer Fabrik beschäftigt, denen allen ich selbstverständlich nicht gleich nahe gekommen bin. In täglicher intimer Berührung war ich eigentlich nur mit 120 bis 150 Mann, von denen die meisten mit mir *einer* Abteilung, dem Werkzeugmaschinenbau, angehörten. An diesen habe ich vornehmlich die Erfahrungen gemacht, die ich mitteile.

Unter ihnen wiederum war die überwiegende Mehrzahl Sachsen, soviel ich habe herausbekommen können, 70 bis 75 Prozent. Ich bitte, diese Thatsache für alle folgenden Erörterungen im Auge zu behalten und meine Erfahrungen nicht, wider meinen Willen, unbesehen auch auf andere Stämme zu übertragen. Der Rest von 25 Prozent verteilte sich etwa auf 10 Prozent Norddeutsche, 5 Prozent Süddeutsche, 10 Prozent Österreicher und einige Schweizer. Die hohe Ziffer der Österreicher erklärt sich leicht aus der Nähe der sächsisch-böhmischen Grenze. Übrigens waren sie zumeist Deutschböhmen und bereits in Sachsen naturalisiert. Unter den Sachsen überwog wieder das eingeborene Element, geborene Chemnitzer, oder aus der nähern und weitern Umgebung der Stadt, oder wenigstens aus dem Erzgebirge und Vogtlande. Aus den übrigen drei sächsischen Kreisen war die Zahl der Eingewanderten verhältnismäßig gering, kaum 15 bis 20 Prozent. Dagegen war das einheimische Element in der Chemnitzer Wirk- und Webindustrie viel stärker als bei uns, im Gegensatz wieder zum Baugewerbe, wo die Österreicher, speziell die tschechischen Arbeiter, ein überraschend großes Kontingent stellten.

Über das *Einkommen* meiner Arbeitsgenossen nun kann ich nicht ganz sichre Zahlenangaben machen. Denn ich habe sie selbstverständlich nur von den Leuten selbst und kann darum für ihre genaue Richtigkeit nicht bürgen. Es war ungemein schwer, hierüber die volle Wahrheit zu erfahren. Jeder suchte seinen Verdienst vor dem andern zu verheimlichen, der eine, der mehr verdiente, um durch seinen Lohn nicht in den Geruch eines Schleichers und Günstlings zu kommen oder die Mitarbeiter nicht zu einer gleichhohen Lohnforderung zu veranlassen; der andre, der weniger verdiente, aus Scham und Furcht vor dem Spott und der Hänselei unvernünftiger Mitarbeiter. (...)

Ich selbst, um damit zu beginnen, bekam als Neuling und Handarbeiter 20 Pfennige Lohn für die Stunde, den gewöhnlichen Anfangslohn, der aber auf Bitten, namentlich Verheirateter bald um 1 bis 2 Pfennige erhöht zu werden pflegte. Das machte bei mir täglich mit Ausnahme des Montags und Sonnabends, wo eine Stunde weniger gearbeitet wurde, 2,13 Mark, an den beiden genannten Tagen 1,93 Mark, in der ganzen Woche genau 12,78 Mark. Davon gingen stets fast zwei Mark ab: an Krankenkassenbeiträgen, Strafgeldern für Verspätungen und Arbeitsversäumnissen, sodaß ich selten mehr als 11 Mark Verdienst auf die Woche herausbekam. Die übrigen Handarbeiter verdienten 12 bis 15 Mark, durchschnittlich wohl 14 Mark die Woche, Schlosser 15 bis 21, ihre Monteure 22 bis 28, Bohrer, die um Lohn arbeiteten, 15 bis 19 Mark. Dagegen kamen die Akkordarbeiter bedeutend höher: Hobler im Durchschnitt bis auf 25, Dreher von 20 bis 30, Stoßer und Bohrer von 20 bis 30, 35, einzelne gar bis 40 Mark in der Woche. Der Maschinist an der großen Dampfmaschine verdiente nach seiner eignen Angabe bei vierzehnstündiger täglicher und regelmäßiger Sonntagsvormittagsarbeit 24 Mark die Woche. Bei den Monteuren wird ebenso wie bei einigen Meistern das Einkommen bedeutend durch sogenannte Prozente für von ihnen fertig gestellte Maschinen erhöht. Das Jahreseinkommen der letztern sollte nach Angaben der Leute im Durchschnitt 1800 bis 2000 Mark betragen. Unter den starken Verdienern sind viele junge Leute mit einem angeblichen Mindestverdienst von 100 Mark im Monat. Ein Teil dieser Angaben kann eher noch zu niedrig als zu hoch gegriffen sein. In einigen andern Maschinenfabriken sollte der Lohn noch höher sein, aber auch die Arbeit länger und anstrengender. Doch vermochte ich selbstverständlich die Richtigkeit dieser Angaben nicht zu prüfen.

Aus alledem geht hervor, daß von Not unter dieser Arbeiterklasse nicht die Rede sein kann. Jedenfalls ist sie eine der verhältnismäßig bestgestellten, konsumtionskräftigsten unter der gesamten sächsischen Arbeiterschaft, auch wenn man sich immer vor Augen hält, daß die angegebenen höchsten Zahlen nur für einen kleinen Prozentsatz der Arbeitsgenossen gelten, daß der Durchschnittsverdienst 80 Mark im Monat beträgt, und ein Stundenlohn von 32 Pfennigen schon als sehr günstig angesehen wird.

Die vielen, die, wie namentlich Handarbeiter, bedeutend weniger als diese angegebene Summe verdienten, dazu eine zahlreiche Familie, Sorgen und Schulden hatten, die aber fleißig und strebsam waren und auf sich und ihre Angehörigen hielten, suchten durch *Nebenverdienst* ihr Einkommen einigermaßen zu erhöhen. (...)

Ein Packer, der gern und mit herzlichem Behagen von seinem Heim, seiner Frau und seinen erwachsenen und halberwachsenen Kindern zu erzählen pflegte, ein schlichter, treuherziger Charakter, schnitzte den Sonntagmorgen über Kleiderbügel und machte am Nachmittag und in der Nacht auf einem nicht allzufernen Dorfe den Tanzmeister; ein ehemaliger Schneider trieb in seiner Freizeit sein altes Handwerk, um sich Taschengeld zu verdienen, da er, wie er uns sagte, sein ganzes Verdienst, allvierzehntägig 27 Mark, bis auf eine Mark seiner Frau und seinen zwei Kindern heimbrachte; ein Zimmermann tischlerte nebenbei; ein andrer, der einst Barbierjunge gewesen, aber aus der Lehre entlaufen war, ging des Abends von Haus zu Haus und barbierte Bekannte und Genossen aus der Fabrik; mehrere machten des Sonntags Tanzmusik, einer, ein Dreher, in einer »fidelen« Kneipe Ulkmusik; wieder einer verhandelte Fässer; ein Bohrer war Sonntags nachmittags Hilfskutscher eines in den vermehrten Sonntagsbetrieb eingestellten Wagens der Chemnitzer Pferdeeisenbahn. (...)

Einen weitern Zuschuß brachte die Arbeit der Frauen und manchmal, doch nicht zu häufig, der größern Kinder. Es ist mir unmöglich, hierüber Genaueres zu sagen, ich vermag nur anzugeben, daß diese Frauenarbeit die allerverschiedenste war: Schneidern, Nähen für ein Geschäft, Waschen und Scheuern, Hausieren oder Handeln mit Grünzeug und andern Waren; wohl nicht häufig ging man in Fabriken, viel mehr wurden daheim auf der Strickmaschine Strümpfe gestrickt. Auch wurde das Halten von Schlafleuten und Mittagskostgängern, wobei ebenfalls der Frau die *ganze* Arbeit obliegt, als Quelle zur Erhöhung des Fabriklohnes angesehen –

kaum mit vollem Rechte. Denn so viel ich beobachten konnte, kommt in Anbetracht der dadurch den Frauen auferlegten schweren Mühe und der Opfer an häuslicher Bequemlichkeit, von andern tiefern, aber mehr ausnahmsweisen Schäden hier einmal ganz abgesehen, ein pekuniärer Vorteil selten heraus. Das alles aber gilt immer nur von den geringer gestellten Arbeitern. Ich glaube bemerkt zu haben, daß wer nur immer dazu imstande war, auf solche Nebenverdienste zu verzichten, es auch mit einigen Ausnahmen that. (...)

Nach dem allen wiederhole ich meine oben gemachte Aussage, daß von Not in unsrer Arbeitergruppe nicht die Rede sein konnte. Freilich auch nicht von Überfluß. *Denn der oben angegebene Betrag des jährlichen Durchschnittseinkommens von 800 bis 900 Mark gestattet bei den heutigen hohen Wohnungs- und Lebensmittelpreisen eben gerade, daß ein Arbeiter mit einer nicht allzu zahlreichen Familie ohne schwere Nahrungssorgen leben kann.* Die Sache liegt aber sofort bedeutend ungünstiger, wo wie bei uns Handarbeitern das Jahreseinkommen nur zwischen 600 bis 700 Mark betrug, oder wo Krankheiten, Todes- und andre Unglücksfälle, längere Reserve- und Landwehrübungen des Mannes oder endlich ein häufig mit einer Arbeitspause verbundener Wechsel der Arbeit einen beträchtlichen Teil auch des höhern Einkommens verschlangen. (...)

Meine Arbeitsgenossen wohnten zu einem beträchtlichen Teile nicht in dem Vorstadtdorf, in dem unsre Fabrik lag und wo auch ich mich einquartiert hatte. Viele wohnten in der Stadt, viele in den umliegenden nahen und fernern Dörfern. Die Fälle waren nicht vereinzelt, in denen sie stundenweit bis nach Hause hatten. Ein Handarbeiter unsrer Kolonne, der älteste von uns, ein hoher Fünfziger, hatte so weit zu gehen, daß er es vorzog, die Woche über bei seinem Schwiegersohn in unsrer Vorstadt Quartier zu nehmen und nur Sonnabends seine Frau und sein Heim zu besuchen. (...)

Unser Vorstadtdorf schloß sich so dicht an Chemnitz an, daß man beider Grenzen nicht mehr herausfinden konnte. Beide gingen ineinander über, und auf der andern Seite des Dorfes bildete eine ganze stundenlange Kette von Dörfern, wie das in dem dicht bevölkerten Sachsen nicht selten vorkommt, seine Fortsetzung. Dieser

Zusammenhang bestimmte Aussehen und Anlage unsers Ortes. Er war halb Stadt halb Dorf: zwischen den alten charakteristischen hochgiebeligen, kleinfenstrigen, niedrigen Landhäusern hoben sich die zum Sterben nüchternen städtischen zwei- bis dreistöckigen Mietskasernen empor. Nur ein kleines Viertel gab es noch, wo der alte Charakter des ehemaligen Dorfes in den niedrigen primitiven, planlos und willkürlich nebeneinander gestellten Tagelöhnerhäuschen und den schmalen, zickzackigen Gängen und Wegen dazwischen ganz rein erhalten war. Aber dicht daneben wuchs mit Riesenschnelle wieder ein rein städtischer Teil empor, zwei breite, mächtige parallel laufende Straßen, wo in gerader Linie Kaserne an Kaserne stand, deren kalte Front freilich kleine grüne Vorgärtchen freundlich belebten und schmückten. So gab auch die äußere Gestalt dieses Vorstadtdorfes ein Abbild der wirtschaftlichen Wandlung, die seine Bewohner eben durchmachten: die Entwicklung aus Land- und Ackerbauern in großindustrielle Fabrikarbeiter. (...)

Die geringsten und unfreundlichsten Wohnungen aber fanden sich jedenfalls in den häufigen Hinterhäusern dieser neuen Straßen, die vielfach die Schattenseiten der beiden eben genannten Gattungen in sich vereinigten und an Armseligkeit der innern Anlage und Ausstattung sowie ihrer Umgebung oft nichts zu wünschen übrig ließen.

Es ist schwer, das, was die Leute an Räumen inne zu haben pflegten, noch *Familien*wohnungen zu nennen. Oder kann man wirklich eine zweifenstrige Stube und ein einfenstriges unheizbares Gelaß daneben noch so bezeichnen? Eben dies aber und nicht mehr bildete das Heim eines – wenn ich recht sah – sehr großen Teiles unsrer Arbeiterfamilien. Darum sprach man da unten auch immer nur von Stuben. »Ich will mir eine neue Stube mieten«; »Was bezahlst du für deine Stube?« waren ganz übliche Worte.

Bedeutend besser, geräumiger, anheimelnder erschienen schon die Wohnungen, die aus einer Stube und zwei solcher Gelasse, im Volke dort fälschlich »Alkoven« genannt, oder gar aus zwei heizbaren Stuben und einem Alkoven bestanden. Doch auch ihnen fehlte sehr oft, wie den Stuben immer, die Küche, dagegen gehörte zu allen genannten Gattungen regelmäßig noch eine sogenannte Bodenkammer, d. h. ein enger Bretterverschlag unter dem Dache, deren jeder mit einer kleinen Luke versehen war. (...)

Wie es nun innen in den Wohnungen aussah? Gut, mittelmäßig, schlecht – das kam auf viele verschiedene Ursachen an. Ein Sofa, ein häufig runder Tisch, eine Kommode, ein größerer Spiegel, mehrere Rohr- und noch mehr Holzstühle sowie einige Bilder pflegten wohl fast immer vorhanden zu sein; nicht selten auch eine Nähmaschine, eine Hängelampe und ein hübscher, äußerlich eleganter, wenn auch sehr oberflächlich fabrizierter Kleiderschrank oder Vertikow. In der Ecke oder an der Seite, wo der zum Kochen benutzte Ofen stand, pflegte das wenige Küchengeschirr zu hängen; Töpfe, das »Geschühte« und sonstiges Gerümpel, vielleicht auch noch irgend ein Schrank befanden sich dann in dem anstoßenden Zimmerchen, das im übrigen fast vollständig mit Bettgestellen besetzt war. (...)

Das ärgste von Wohnungsnot aber, was ich erlebte, war bei einem andern Mann aus meiner Fabrik. Das war thatsächlich nicht mehr menschenwürdig. Der Mann war ein alter, langjähriger Arbeiter und hatte eine Maschine zu bedienen. Er war nicht mehr jung, knapp über die fünfzig, ein kleiner, biedrer, guter Kerl, mit dem ich mich besonders viel und gern unterhielt. Er hatte eine kränkliche, halbgelähmte, blutflüssige Frau, deren Lebens- und Liebesgeschichte er mir wie seine eigne in der ganzen Massivheit, wie sie sich unter diesen Leuten abspielt, und mit der ganzen naiven Offenheit und kameradschaftlichen Vertraulichkeit, wie sie da unten auch zwischen ältern und jüngern schnell entsteht, doch nicht ohne poetischen Schimmer ausführlich erzählte. Ihre Kinder waren bereits erwachsen und verheiratet; sie hatten nur eine von ihnen herzlich gepflegte Enkelin noch bei sich, dagegen *fünf* fremde Schlafleute! Dieses Mannes Wohnung nun bestand aus folgenden Gelassen: aus einer Stube, einem wirklichen Alkoven, einer einfenstrigen Kammer und einer Dachkammer. In der einfenstrigen Kammer standen zwei Betten, in deren einem ein Pferdebahnkutscher, und in deren anderm *zwei* böhmische Maurer nächtigten. Im Alkoven, in einem Bette für sich, schlief die kränkliche Frau allein; ihr Mann seit *drei* Jahren, seit seine Frau niemand mehr neben sich liegen haben konnte, auf dem Sofa derselben Wohnstube, die vom frühen Morgen bis nach zehn Uhr abends, das heißt für diese Leute bis tief in die Nacht und in die Schlafenszeit hinein, von sämtlichen schwatzenden, essenden, rauchenden Haushaltungsmitgliedern frequentiert wurde. Denn die beiden Maurer mußten schon früh 1/2 5 Uhr weg und vorher noch ihren in eben dieser Stube gekochten Kaffee getrunken haben, und der Pferdebahnkutscher kam erst abends 1/2 10 Uhr von seinem schweren Dienst zurück und wollte dann noch Abendbrot essen. Wo war da eine wirklich erquickende Nachtruhe für Mann und Frau möglich? Aber das Ärgste kommt noch. In der noch übrig bleibenden Bodenkammer standen ebenfalls zwei Betten: in dem einen schlief ein ganz junges Ehepaar, das hier zur Aftermiete wohnte, tagsüber auf Arbeit war und wohl nichts sein Eigen nannte, und in dem andern das zwölfjährige Mädchen, das Enkelkind. Man macht sich leicht ein Bild von dem, was dies Kind nächtlicherweile hören und erleben konnte, wie es überhaupt in diesem und ähnlichen Haushalten selbst bei dem besten Willen aller Bewohner zugehen mußte. (...)

Die meisten und größten dieser Übel kamen jedenfalls durch das *Schlafstellen-* und *Kostgängerunwesen.* Das ist der Ruin der deutschen Arbeiterfamilie. Aber es ist für sie in den allermeisten Fällen eine wirtschaftliche Notwendigkeit. Der geringe materielle Vorteil, der dabei herauskommt, ist ein ersehnter Zuschuß zum Wirtschaftsgeld der Arbeiterfrau. Daß die Arbeiter sich nur zum Spaße mit solchen Fremden herumplagen, braucht niemand zu glauben. Im Gegenteil machte ich häufiger die Erfahrung, daß, wer es durchsetzen kann, womöglich sich diese Leute vom Halse und aus dem Hause hält. Wenn man es aber thut, nimmt man jedenfalls immer lieber junge Männer als junge Mädchen.

Es gab ganz bestimmte, von einander verschiedene Arten von Schlafstellen, bessere und schlechtere. Die traurigsten, moralisch und sanitär gefährlichsten hat glücklicherweise eine verständige und nachahmungswerte Verordnung des Chemnitzer Amtshauptmanns unmöglich gemacht. Durch diese Verordnung wurde für jeden Schläfer ein nach Kubikmetern bestimmter notwendiger Raum vorgeschrieben *und den einzelnen Familien das gleichzeitige Halten von Schlafburschen und Schlafmädchen streng untersagt.* Bei meinen Besuchen und Gängen fand ich etwa noch folgende Arten an:

a) Schlafstellen unter dem Dache, in den obengeschilderten Bretterverschlägen. Hier pflegte fast jede Familie ein bis drei Betten stehen zu haben. Und keine Etage des ganzen Hauses war des Nachts oft dichter besetzt, als diese Dachräume, deren schiefe Decke Dachsparren und die nackten Ziegel bildeten. In alten Häusern mußten es, namentlich im heißen Sommer, nächtliche Marterkästen sein; in solider gebauten waren es mit die besten Schlafräume. Jedenfalls hatte diese Art von Schlafstellen den großen Vorzug, daß sie des Nachts den Fremden von der ihn beherbergenden Familie isolierte. Sie waren ungemein zahlreich und je nach ihrer Güte teurer oder billiger. (...) Außer der Bettstelle und einigen Nägeln in der Wand giebts gewöhnlich kein Mobiliar in diesem Gelaß, es sei denn, der Fremde brächte sich eine Kommode oder eine Kiste mit. Jenes passiert selten, dies häufig. Die paar Kleider, die so ein Menschenkind zu besitzen pflegt, werden dann an die eingeschlagenen Nägel gehängt, die Wäsche und die andern Siebensachen in der Kiste und das andre Paar Stiefel in einer Ecke der Bodenkammer untergebracht. Wer ganz billige Unterkunft haben wollte oder mußte, mietete sich solchen Bretterverschlag mit einem Bette mit einem Freunde zusammen.

b) Die zweite Reihe Schlafstellen befindet sich in den Wohnräumen der Familie selbst. Die bedenklichsten darunter, die mit der Familie in einem Raume gemeinsamen, sind nebst den durch die angeführte Verordnung untersagten heute wenn auch noch nicht ganz beseitigt, so doch selten. Wer in einem Alkoven (in der Stadt wird oft auch die Küche dazu benutzt) mit mehreren andern zusammenschläft, pflegt wöchentlich eine Mark zu zahlen; wer in einem leeren, d. h. nur mit einem Bette ausgestatteten Alkoven allein schläft, mindestens zwei Mark. Dann kommen die beiden besten, aber auch seltensten Kategorien: schlicht möblierte Stübchen mit zwei und drei Betten, die namentlich unter einander befreundete junge Schlosser aus bessern Familien für je zwei Mark die Woche gemeinsam bewohnen, und ebensolche mit einem Bette, die freilich wegen ihrer Kostspieligkeit (drei Mark für die Woche) weniger verlangt werden und bereits den Übergang zu den in studentischen Kreisen üblichen schlichten Garçonwohnungen bilden. (...)

Über die *Kleidungsverhältnisse* meiner Arbeitsgenossen habe ich natürlich weniger zu sagen. In der Fabrik war die Kleidung selbstverständlich primitiv und schmutzig. Ein festes, wenn auch durch langen Gebrauch abgeschabtes, glänzig gewordenes Beinkleid, eine Weste und darüber ein blauer Leinwandkittel war das übliche Kostüm. Mit Vorliebe zog man in der Fabrik die Stiefel aus und Holzpantoffeln an. Wenn man die Stiefel anbehält, schmerzen die Füße nach dem elfstündigen Stehen und Gehen auf dem Ziegelpflaster zu sehr. Nur wenige arbeiteten mit unbedecktem Kopfe; die meisten trugen teils des herumfliegenden Staubes und Schmutzes wegen, teils aus alter Volksgewohnheit eine leichte billige Mütze oder den alten abgenutzten Hut, den sie auch auf den Gängen von und zur Fabrik aufhatten. Außerdem banden wir Handarbeiter und noch einige andre, die viel zu heben und zu transportieren hatten, noch eine aus altem Sackleinen meist selbst gefertigte Schürze vor. War es, wie an manchen Tagen des vergangenen Sommers, besonders heiß und darum trotz allen Wassersprengens, wozu dann drei Mann von uns kommandiert waren, erstickend dunstig in den mit schwitzenden Menschen erfüllten Räumen, so zog man gern die Westen aus, krempelte die Ärmel der Bluse hoch auf und schlug vorn Hemd und Bluse weit zurück, daß die Brust weit offen lag. Unterbeinkleider trug man selten, dagegen meist wollene Strümpfe und wollene bunte Hemden; bunte Leinenhemden sah ich wenig, ganz vereinzelt grobe weiße nur bei einigen Tischlern und Zimmerleuten. (...) Es war allgemein Sitte, daß die üblichen blauen leinenen Blusen allwöchentlich gewechselt wurden, und es fiel geradezu auf, wenn Montag morgens einer wieder die altwaschene mitbrachte. (...)

So alt und bleiglänzig auch die ganze Kleidung meist war und sein mußte, so wurde doch durchschnittlich darauf gehalten, daß sie nicht zerrissen war. Wo das der Fall war, namentlich bei Verheirateten, wurde es gar wohl bemerkt. Man machte mich bei ein paar solchen Leuten geradezu darauf aufmerksam mit den halb entschuldigenden, halb bedauernden Worten: »Na, es kann ja auch nicht anders sein; seine Frau ist eben eine Schlumpe.« (...)

Das gerade Gegenteil dieser eben geschilderten Werktagskleidung pflegte der Sonntagsanzug zu sein. Dieser war fast bei allen höchst anständig und modisch, oft so sehr, daß ich viele der Arbeitskollegen nicht wieder erkannte, als ich sie zum erstenmale des Sonntags sah. (...)

Über die *Ernährungsverhältnisse* der Arbeitsgenossen ist nun manches zu sagen. Zunächst: wir hatten in der Fabrik nur zwei Eßpausen. Früh 8 bis 8 Uhr 20 Minuten war Frühstückszeit, 12 bis 1 Uhr Mittagszeit. Sonst wurde die beinahe elfstündige Arbeitszeit, von früh 6 bis abends 6 Uhr nicht unterbrochen. Nachmittags 4 Uhr durften allein die Lehrlinge ein halbstündiges Vesper machen; wer von den übrigen Bedürfnis hatte, aß mitten in der Arbeit ein paar Bissen. Die früher allgemein übliche Vesperpause war unter Billigung der Leute beseitigt worden, sodaß sie schon um 6 Uhr Feierabend haben konnten.

Das Frühstück wurde von beinahe allen in der Fabrik selbst eingenommen; nur wenige, die in allernächster Nähe wohnten, gingen dazu nach Hause. Wenige setzten sich auch in den der Fabrik benachbarten Budikerladen, wo man guten Käse billig kaufte und in der vollgepfropften Wohnstube des Besitzers oder in dem Laden zum mitgebrachten Butterbrot verzehrte. Einigen andern brachten auch die Frauen das Frühstück oder schickten es durch die Kinder, meist mit peinlicher Pünktlichkeit.

Die allermeisten aber nahmen das bereits am Morgen mitgebrachte Brot in der Fabrik ein. Hier verteilte man sich nun dabei ganz nach freiem Belieben. Sobald das Wetter einigermaßen schön war, setzte man sich ins Freie, d. h. in den geräumigen Fabrikhof, an den Lattenzaun, der ihn von einer vorüberführenden Eisenbahn trennte. Aus alten Kisten, Brettern, Eisenteilen baute man sich da schnell seinen Sitz. Ein Teil frühstückte auch im Speisesaale, einem großen, hellen Raum zu ebener Erde, mit nüchternen, kahlen Wänden, langen hölzernen Tischen und Bänken, einem Wärmeofen und dem Schanktisch des Kantinenverwalters, der zugleich der Kutscher der Fabrik war. Junge Schlosser blieben wohl auch gleich an ihrem Arbeitsplatze und ließen es sich da schmecken.

Das ganze Frühstück ging ohne viel Umstände vor sich; an vorheriges Toilettemachen war natürlich nicht zu denken. Die Kürze der Zeit verbot selbst eine gründliche Reinigung der schwarzen Hände am Waschtroge. So begnügten wir uns damit, sie an der selbst schmutzigen Schürze, an Putzfäden, Sägespänen oder sonst etwas flüchtig abzuwischen. Ich kann nicht sagen, daß uns das den Appetit auch nur im geringsten verdorben hätte, der gerade um 8 Uhr bei allen stark vorhanden war. Es schmeckte uns allen niemals besser als bei diesem zweiten Frühstück, nach zweistündiger Morgenarbeit.

Es wurde sehr stark gegessen: ein großes Butterbrot und stets etwas dazu, Wurst, rohes Fleisch, Käse, ab und zu gekochte Eier, saure Gurken. Je weiter der letzte Lohntag zurücklag, desto mehr herrschte der Käse vor. Und die Zukost war außer bei den Handarbeitern und andern mit besonders wenig Verdienst und vielen Kindern gesegneten reichlich und immer gut bemessen. Stets auch wurde dazu etwas getrunken, was infolge unsrer Beschäftigung eben so notwendig war wie gutes Essen. Man trank gleich häufig kalten oder warmen Kaffee oder Buttermilch, ein bei der Chemnitzer Arbeiterbevölkerung allgemein beliebtes, eben so nahrhaftes als billiges Sommergetränk. Nur in seltenen Fällen habe ich beobachtet, daß die Wohlhabendern sich auch bairisch Bier leisteten, und dann auch nur in den ersten Tagen nach der Löhnung. Dagegen war der Genuß von einfachem Bier, wovon die Flasche sieben Pfennige kostete, in stetem Zunehmen und verdrängte immer mehr und mehr den Schnapsgenuß. Eine Hauptursache dazu ist wohl die Erfindung des allbekannten Patentverschlusses gewesen. Denn der Arbeiter, der früher die Schnapsflasche in der Tasche hatte, nimmt jetzt die ebenso transportable Bierflasche mit. So wird eine kleine technische Erfindung von großer sozialethischer Bedeutung – hier einmal in günstigem Sinne – und wirkt mehr als viele moralisierende Reden und andre Reformversuche.

Speisen und Getränke brachte man sich entweder von daheim mit oder kaufte sie sich in der Kantine. Jenes pflegten vor allem die ältern verheirateten, darum sparsamen, dies die unverheirateten Leute zu thun. In dieser Kantine war nur der Verkauf von Brot, Semmel, dreierlei Wurst, Käse, ab und zu auch Eiern, sowie von Kaffee und einfachem Bier gestattet. Die Preise waren nicht hoch, doch so, daß der Verkäufer noch etwas dabei verdiente; ein Topf Kaffee mit Zucker kostete vier Pfennige, eine Flasche Bier sieben Pfennige. Eine Einrichtung dabei wurde besonders dankbar empfunden. Wir waren etwa vier- bis fünfhundert Arbeiter; nimmt man an, daß nur ein Viertel von ihnen in der Kantine kaufte, so hätten gegen hundert Mann allmorgendlich sich um den Verkaufstisch gedrängt, und die letzten hätten glücklich am Schlusse der Pause bedient werden können. Um diesen Übelstand zu beseitigen, war gestattet, daß einer von uns Handarbeitern, ein dazu fest bestimmter, eine Stunde vorher von Mann zu Mann ging, dessen Bestellungen entgegennahm und dann kurz vor 8 Uhr dies Bestellte den einzelnen an ihren Platz brachte: den heißen Kaffee in einer großen, blitzblank gescheuerten blechernen Gießkanne, aus der jedem in seinen Blechkrug geschenkt wurde.

So primitiv in vielen Punkten dies ganze Frühstück war, so wurde das doch nicht unangenehm empfunden. Man sah ein, daß es nicht anders anging, und ließ es sich schmecken.

Für das *Mittagessen* war, wie gesagt, auch bei uns die übliche Stunde von 12 bis 1 Uhr frei. Grundsatz war für alle: Wer zu Tisch nach Hause kommen kann, geht nach Hause. Das war in unsrer Fabrik doch einer sehr großen Zahl möglich. Und so wiederholte sich täglich in unsrer Vorstadt ein interessantes Bild. So wie die Dampfpfeifen punkt 12 Uhr ihr Signal gaben, waren mit einem Schlage die sonst stillen Straßen mit Hunderten von Menschen belebt, die im schnellsten Schritt in der verschiedensten Richtung, allein oder zu zweien und dreien, an einander vorübereilten; wer unter sie gehörte, begegnete alltäglich immer denselben Gesichtern. Und dasselbe Bild eine Stunde später, kurz vor 1 Uhr, bis dasselbe Signal die Straßen wieder säuberte. So reguliert, wie früher der Klang der Glocken, heute der schrille Schrei der Fabrikpfeifen das tägliche Leben der Bewohner unsrer Fabrikorte. Denn wie mittags 12 und 1 Uhr gellen früh $1/2$ 6 und um 6 Uhr und ebenso zum Feierabend diese Pfeifen. (...)

(Eine) andre, verhältnismäßig große Gruppe, (ging) zum Mittagstisch in eine der in der Nähe liegenden, ganz einfachen Kneipen ... Meist waren es junge, unverheiratete Leute mit besserm Verdienst, und vor allem Schlosser, denen die Engigkeit einer Arbeiterwohnung, die in der als Küche und Eßzimmer benutzten Stube und bei der Eile aller Beteiligten gegen mittag am fühlbarsten wurde, unbequem und die Ordnung einer Restauration lieber war. Oder sie wohnten sehr weit und hatten keine ihnen bekannte Familie in der Nähe, von der sie mittags aufgenommen werden konnten. Ich that es ihnen nach, weil es mir anfangs ebenso ging. Ich habe hinter einander in drei Kneipen gegessen, in der einen von ihnen fast dreiviertel der Zeit, die ich in der Fabrik verbracht habe. Es war das ein kleines, einfaches, aber anständiges Restaurant; die hübsche Tochter des Wirtes trug auf in genauer Reihenfolge, wie wir saßen, und um keinen zu benachteiligen, jeden Tag bei einem andern beginnend. Das Essen war reichlich und leidlich schmackhaft; einen Tag um den andern gab es Braten, den man trotz seiner Wässrigkeit sehr liebte, die übrigen Tage setzte es Kochfleisch und Gemüse, das mir lieber war. Dazu erhielt jeder außer einer tüchtigen Portion von Kartoffeln ein großes Stück Brot, und das Ganze kostete Tag für Tag mit einem Glas einfachen Braunbiers vierzig Pfennige. Es herrschte gute Ordnung unter den Tischgenossen, ein höflicher Ton und ein anständiges Gebaren. Man aß ruhig, ohne Hast. Es wurde wenig gesprochen und viel gelesen, sodaß, wenn einer ein Blatt zu Ende hatte, ein andrer schon immer darauf wartete, es zu erhalten. Und genau wie hier ging es in dem zweiten Lokale zu. Das dritte, nur von wenigen besuchte, stand tiefer. Es war die sogenannte Kutscherstube eines großen Etablissements. Diese allgemein verbreiteten Kutscherstuben sind sozial und moralisch ganz bedenkliche Institute: meist unsauber, eng und unfreundlich, bilden sie den Übergang zu jenen berüchtigten Stehbierhallen und Destillationen, die, häufig mit Kauf- und Budikerläden verbunden, durch die Leichtigkeit, Einfachheit und Schnelligkeit der Bedienung, durch die Möglichkeit, sofort wieder gehen zu können, die größten Verführungsstätten zum Trunk für die untern Schichten sind.

Die eben geschilderten Restaurationen vertrat im Innern der Stadt teilweise die städtische Speiseanstalt, die täglich von 12 bis 1 Uhr geöffnet war, von Hunderten von Arbeitern und auch Arbeiterinnen besucht wurde und sich gut rentieren soll. Vier große Speisesäle zu ebener Erde und im ersten Stock waren in dieser Stunde immer gedrängt voll; selbst auf dem öden, weiten Hofe hatte man Tische und Bänke aufgestellt. Es gab zwei Klassen hier. In der einen kostete der Mittagstisch dreißig, in der andern fünfzehn Pfennige. In der ersten gab es an gedeckten Tischen, doch ohne Bier, etwa dasselbe wie in unsern Vorstadtrestaurants, in der zweiten in einem großen Napfe, den man sich selbst holen mußte, Bohnen, Reis, Graupen, Linsen und ähnliche Hülsenfrüchte, gewöhnlich mit einem Scheibchen Wurst oder Fleisch. (...)

Der Rest der Arbeitsgenossen brachte die Mittagsstunde ganz in der Fabrik zu. Es waren Junge und Alte, Verheiratete und Unverheiratete, eine immer noch große Zahl, alle diejenigen, die zu weit ab von der Fabrik wohnten, und zu sparsam waren oder zu wenig verdienten, um bei Fremden ein warmes Mittagbrot zu bezahlen; sie begnügten sich meist mit einem gleichen kalten Imbiß wie zum Frühstück und mit Kaffee, oder sie wärmten sich Tag für Tag das Gemüse, das ihnen die Mutter oder die Frau am Abend vorher schon bereitet hatte, und das sie des Morgens in einem Blechkännchen mit in die Fabrik brachten. Für sie war der nüchterne Speisesaal eine wahre Wohlthat, denn da in der Mittagsstunde alle Werkstätten geschlossen wurden, war er der einzige Raum, in dem sie sich aufhalten konnten. Mir thaten die Leute, namentlich die ältern unter ihnen, aufrichtig leid; die elf Stunden am Tage wahrhaftig keine leichte Arbeit zu thun hatten, denen fehlte in dieser einzigen Stunde des Ausruhens beinahe jede Bequemlichkeit. Man denke sich nur in die Lage hinein, man versuche es selbst einmal, Mittag um Mittag mit kalter Küche oder nur aufgewärmtem Zeug fürlieb zu nehmen und man wird begreifen, daß das dauernd kein würdiges Mittagbrot für einen Menschen ist, der tagsüber stramm seine Pflicht thut. Das empfanden die Leute selbst auch sehr gut. Wenn ich kurz vor Beginn der Nachmittagsarbeit in die Fabrik zurück kam und – wie es Sitte war – ihnen Mahlzeit, gesegnete Mahlzeit wünschte, da kam es vor, daß einer das bitter abwehrte. Das sei ja keine Mahlzeit, am allerwenigsten eine gesegnete. War das Wetter schön oder der Tag sehr heiß und darum der Körper besonders schlaff und matt, dann legte man sich, wenn man mit seinem Butterbrot zu Ende war, im freien Hofe an einer schattigen Stelle irgend wohin auf ein Brett oder auf die Erde, um seufzend sein Mittagsschläfchen zu halten. Nur selten brach, wenn wir so abgespannt und stumm neben einander saßen und lagen, dann einer das Schweigen, und dann war es oft nur ein herbes Wort, wenns auch scherzend klingen sollte, wie das: Hats der arme Arbeiter doch gut!

Eins fehlte bei uns jedoch fast ganz: daß sich die Zurückbleibenden von daheim das Essen in die Fabrik bringen ließen, was wieder an den allzu weiten Entfernungen liegen mochte. In der Stadt war das aber ganz allgemein Sitte; Hunderte von essentragenden Arbeiterfrauen und Kindern durcheilten da täglich kurz vor 12 Uhr die Straße, um pünktlich bei dem harrenden hungrigen Gatten und Vater oder der Mutter zu sein. Und auf den Bänken der städtischen Anlagen sah man dann die ruhenden Männer mit dem rauchenden Topfe in der einen und dem Löffel in der andern Hand sitzen, Frau oder Kind daneben und oft mit essend, – denn die städtische Speiseanstalt ist selbstverständlich nur für die erreichbar, deren Werkstätte in der Nähe liegt. Diese Art des täglichen Mittagsbrotes erkläre ich für unwürdig. Unwürdig der braven Familien, die dazu gezwungen, unwürdig unsrer Zeit, die sich prahlend ihrer humanen Gesinnungen rühmt, unwürdig der Männer, in deren Händen heute das Wohl und Wehe dieser Fabrikarbeiter ruht. Wie kann solch eine Mahlzeit auf der Straße jemals eine gesegnete sein? Wie kann man im Ernst tadeln, daß sie ohne Gebet und Händefalten hineingeworfen wird? Wie muß sie ganz anders, als Agitatorenworte es vermögen, den Familiensinn des Vaters und der Mutter und damit Familienglück und Familienleben zerstören? Denn diese Zustände und ihre Folgen treffen ja nicht nur den, dem man das bißchen Essen im Topfe auf die Promenadenbank bringt, sondern stets die ganze Familie. Oft wird es infolge dessen auch daheim bei Mutter und Kindern keinen geregelten Mittagstisch geben. Nur ein drastisches Beispiel dazu. Es war auf der Promenade an dem großen schönen Chemnitzer Schwanenteiche. Ich saß auf der Bank neben einem, der eine knappe Viertelstunde von da beim Trottoirlegen geholfen hatte. Er war in sieben Minuten bis zu unserm Platz gelaufen und wartete nun auf seinen Knaben, den er mit dem Essen dorthin bestellt hatte. Aber es wurde ein Viertel, es wurde halb, und der Junge kam immer noch nicht. Nun gingen wir ihm entgegen, und endlich, kurz vor dreiviertel kam er atemlos, voll Angst vor dem ärgerlich gewordenen Vater angerannt: die Schule, die sonst pünktlich 12 Uhr zu Ende zu sein pflegte, war 20 Minuten länger ausgedehnt worden. In einem Atem war dann der arme Junge von der Schule nach Hause und von da zu uns gelaufen; in fünf Minuten hatte der Vater das Essen hinunter und lief dann an die Arbeit zurück, während sein Kind müde, hungrig, abgespannt nach Hause trollte, um sich nun erst, wohl allein, zum Essen zu setzen, das Mutter, Geschwister und Kostgänger ihm übergelassen hatten. Vielleicht ist dies ein seltnerer und besonders unerfreulicher Fall; aber die Hauptsache daran, daß Kinder, die von 8 Uhr morgens bis 12 Uhr mittags auf der Schulbank müde und hungrig geworden sind, nun erst, ohne einen Bissen gegessen zu haben, den Vater bedienen müssen, passiert täglich und nicht einem nur, sondern hunderten von ihnen. (...)

Das ist, was ich von Bemerkenswertem über die Wohnungs-, Kleidungs- und Ernährungsverhältnisse meiner Arbeitsgenossen mitzuteilen vermag. Ich meine, auch diese lückenhaften Angaben beweisen schon die Richtigkeit meiner oben gemachten Behauptung von der notwendigen Engigkeit und Bescheidenheit ihrer Lebensstellung. Aber sie machen auch noch eine andre Thatsache begreiflich, die man im Zusammenleben mit diesen Menschen täglich erfährt, und die unendlich bedeutsamer und verhängnisvoller als jene ist, nämlich die Thatsache, *daß infolge dieser Zustände in weiten Kreisen unsrer großstädtischen Industriebevölkerung die überlieferte Form der Familie heute schon nicht mehr vorhanden ist.* Der alte, auf der Blutsverwandtschaft von Eltern und Kindern ruhende und aus allein solchen blutsverwandten Gliedern zusammengesetzte Organismus der Familie, an den sich in bessern Ständen bisher nur einzelne Dienstboten fester oder loser anschlossen, hat in der That in jener Bevölkerungsschicht heute bereits mehr oder weniger einem erweiterten, auf den rein wirtschaftlichen Bedürfnissen gemeinschaftlichen Wohnens und Lebens aufgebauten, in der Zusammensetzung seiner Glieder durch Zufälligkeiten gebildeten Kreise von Blutsverwandten und Fremden Platz gemacht. Deutlich treten hier die verwandtschaftlichen Neigungen vor den wirtschaftlichen Verpflichtungen zurück. Aus der Mutter wird der Haushaltungsvorstand, der von dem eignen Manne, den erwachsenen Kindern und den Fremden eine fest bestimmte Summe erhält und dafür verpflichtet ist, die Ausgaben für Wohnungsmiete, Nahrung, Wäsche und ähnliches zu bestreiten, während für die Kleidung ein jeder für sich zu sorgen pflegt. Und nicht die Sozialdemokraten und deren Agitation haben daran die Hauptschuld, sondern eben jene Zustände, die eine Frucht unsrer ganzen wirtschaftlichen Verhältnisse sind, und die es den Arbeiterfamilien unmöglich machen, gemeinsam ihre Morgen- und Mittagsmahlzeiten einzunehmen, die sie zwingen, die allerdürftigsten Häuser und allerengsten Wohnungen zu beziehen, dazu noch wildfremde, häufig wechselnde Schlafgäste bei sich aufzunehmen und ihnen den vertraulichsten gemeinsamen Umgang zu gestatten, den man sonst nur mit den eignen Familienangehörigen zu pflegen gewohnt war. Man denke daran, wie dicht in solchen Arbeitermietskasernen und den nach ihrem Muster umgebauten ehemals ländlichen Wohnhäusern »Stube« an und über »Stube«, d. h. also Wohnung neben Wohnung liegt, ohne jede gegenseitige Abschließung, wie dünn die Wände der Zimmer in solchen flüchtig gebauten Häusern sind, so dünn, daß jedes laute Wort in der Nachbarfamilie deutlich verstanden wird; und wie die drei und vier »Stuben« einer Etage immer nur einen Korridor zu haben pflegen, dessen Benutzung ebenso gemeinsam sein muß wie diejenige der Wasserleitung, des Klosets u. a. Das alles führt zu einer Gemeinsamkeit des täglichen Verkehrs und einer Öffentlichkeit des Familienlebens, über die man erschrickt, wenn man hinein sieht, und die notwendig der Tod jedes Familienlebens werden muß. Es ist ja gar nicht anders möglich, als daß die Kinder solcher Familien dauernd fast wie Geschwister unter einander leben, wobei der Korridor der Ort des gemeinschaftlichen Aufenthalts, ihrer Spiele und Plaudereien ist; daß die jungen Burschen und Mädchen dieser Familien in intimste Berührung, die Männer in nahen Gedankenaustausch, oft freilich auch in Streit und Hader geraten, und daß die Frauen jeden Winkel, jeden Makel, jedes Kleidungsstück und Hausgerät aus den benachbarten Familien auf das genauste kennen, ja daß die gemeinsame Benutzung solcher Geräte z. B. für die Küche durch Entleihen und Verleihen einen sehr kommunistischen Zug in die ganze mit solchen Dingen oft recht dürftig ausgestattete Hauswirtschaft solcher Familien bringt. Dazu tritt die Enge und Beschränktheit der einzelnen Wohnungen, die die Menschen mit Macht zur Thüre hinaus und des Abends, so oft das nur möglich ist, ins Freie, auf die Straße und den Hof, in die bessern, geräumigern Zimmer der Nachbarn oder in die Kneipen und Versammlungen drängen. Man bedenke weiter, wie diese Enge noch erhöht wird durch die Anwesenheit der fremden Schlafleute, die fremde, und oft genug nicht gerade fromme, beßre Sitten und Gewohnheiten mitbringen, eine andre Art, andre Anschauungen und Bedürfnisse, die sie auch ungeniert wie daheim äußern und zur Geltung bringen wollen. Man bedenke, daß diese fremden Gäste zugleich mit dem eignen Manne und den eignen erwachsenen Kindern das Haus verlassen, daß sie zu derselben Zeit wie diese zurückkehren und meist bis zum Schlafengehen am gleichen Tisch wie diese miteinander sitzen, lesen, rauchen, sich unterhalten, Karte spielen. Es ist in der That in vielen Familien so, daß Eltern und Kinder ungestört zusammen *allein* nur noch während der Nacht, im Schlafen sein können. Denn auch die letzte Gelegenheit eines gemütlichen gemeinsamen Beisammenseins, die Morgens- und Mittagsmahlzeit wird, wie aus meinen obigen Schilderungen hervorgeht, vielfach vereitelt durch die Arbeitsbedingungen, die den Vater, den Sohn und die Tochter abhalten, zu Tische nach Hause zu gehn. Wo es aber geschieht, da genügt meines Erachtens die einstündige Pause nur gerade, um den doppelten Weg nach und von Hause machen und das Essen einnehmen zu können, auch dies bei nur halbwegs größern Entfernungen, die für die Arbeiter großer Etablissements natürlich die Regel ist, ohne richtiges behagliches Sichzeitlassen, in Hast und Eile.

Über die Wirkung dieser Zustände auf die Sittlichkeit, den Charakter, die Gesinnung der Arbeiter habe ich an einer andern Stelle zu reden. Hier sollte nur die Thatsache der bereits vollzogenen Wandlung in dem Wesen der Arbeiterfamilie konstatiert, und die Ursachen dargestellt werden, die sie hervorgerufen haben. Ich wiederhole nochmals, daß sie in erster Linie eine Frucht unsrer heutigen wirtschaftlichen Lage sind. Und darum ist vor allem diese, nicht aber die Sozialdemokratie als die Hauptschuldige anzuklagen, die hier nur wie so oft die letzten Konsequenzen aus den Wirkungen der herrschenden Zustände gezogen und in ein System gebracht hat. Die vorhandenen traurigen Zustände sind erst Grundlage und Anlaß zur Verbreitung des sozialdemokratischen Familienideals der Zukunft. Über diese Thatsache sollte man sich namentlich auch in bestimmten kirchlichen Kreisen nicht wegtäuschen und, anstatt Klagelieder über den allerdings vorhandenen Verfall des alten christlichen Familienideals und Anklagen gegen die Sozialdemokratie zu erheben, in diesem Falle zuerst lieber mit daran arbeiten, daß die verhängnisvollen wirtschaftlichen Ursachen dieser Zustände endgiltig und dauernd beseitigt werden.

Drittes Kapitel

Die Arbeit in der Fabrik

Unsre Fabrik (...) lag (...) in einem der bedeutenderen Vororte von Chemnitz. Zwei mächtige parallel laufende Gebäude bildeten den Kern ihrer ganzen Anlage. An ihrer einen Schmalseite sausten die Eisenbahnzüge dicht vorüber, denen wir oft sehnsüchtig nachschauten; an der andern führte die Landstraße vorbei. Von hier nimmt sich die Fabrik fast schmuck aus. Ein gepflegter Obstgarten der Direktoren, ein breiter, sauberer Eingang und ein freundliches Portierhäuschen mit einem Rosengärtchen davor verdeckten den schwarzen Staub, der dahinter, auf Haus und Hof und allem Gerät einer jeden solchen Eisenfabrik notwendig lagert. (...) Der Bau erinnerte mich immer an das Innere einer Kirche. Er hatte keine Etagen. Man konnte in der Mitte des Raumes bis hinauf zum Dache sehen, das zum großen Teil aus Glasplatten bestand, um mehr Licht herein zu lassen. An den beiden Langseiten liefen je zwei übereinander gebaute breite Emporen hin, zu denen von unten steile primitive Holztreppen hinaufführten, die namentlich bei großen Transporten beschwerlich zu passieren waren. Auf der einen Empore befand sich der Probiersaal, wo eben vollendete Maschinen ausprobiert wurden, und wohin der Zutritt der großen Verunglückungsgefahr wegen nur denen gestattet war, die einen Auftrag dorthin hatten. In einem andern Teile war der Drehersaal. Die übrigen Emporen standen augenblicklich fast leer. Denn der eine Zweig unsrer Maschinenproduktion, der hier seinen Sitz hatte, lag sehr danieder. Auf dem östlichen Ende und der dortigen Schmalseite des ganzen Baues fehlten die Emporen bis auf eine einzige kleine ganz; dadurch war ein weiter geräumiger Platz geschaffen, lichter und freundlicher – gleich dem Altarplatze einer Kirche. Und wo in unsern Kirchen oft die Sakristeien zu sein pflegen, stand hier das Maschinenhaus mit dem eisernen stöhnenden Ungeheuer, das seine riesigen Kräfte durch den ganzen Raum ausströmte und Dutzende schwerer Maschinen und hundert Menschen in Atem und Bewegung hielt. Daneben ragte der große Schornstein auf, dessen rußige rauchende Spitze auch zum Himmel wies. Zwar fehlte Glockenklang und Orgelton. Aber dafür brausten andre gewaltige Töne unaufhörlich durch die Halle: das Gehämmer und Gefeile der Schlosser, das Ächzen und Dröhnen der Maschinen, das Quietschen und Schlagen der Räder. Und was die schwarzen blaukitteligen Männer da schafften – wars nicht auch ein Gotteswerk, ein Gottesdienst? Konnte es nicht wenigstens einer sein? (...)

Das war der Arbeitsplatz der Hundertzwanzig bis Hundertfünfzig, die hier ihr Tagewerk verrichteten, kahl, öde, schwarz, ohne eine Bequemlichkeit, durchtost von einem nie abbrechenden nervenzerreißenden Geräusch grell zusammenklingender Töne. Und doch lag über dem allen auch Adel und Poesie. Nicht nur, wenn von oben das Sonnenlicht hereinflutete und selbst den Schmutz und das Eisen verklärte, sondern auch wenn ein grauer Himmel das Kahle, Öde, Schwarze noch kahler, öder, schwärzer erscheinen ließ. Das war die Poesie eines grandiosen in einander greifenden Getriebes, das hier ruhelos und doch in gleichmäßiger Bewegung sich auswirkte, der Adel menschlicher Arbeit, die hier an einer einzigen Stelle von mehr als hundert Menschen im Kampfe ums Brot, um Leben und Genuß tagaus tagein gethan wird.

In unserm Bau wie in der ganzen Fabrik waren ausschließlich männliche Personen beschäftigt, keine einzige Frau, kein Mädchen, kein Kind; im ganzen Betriebe gab es meines Wissens noch nicht ein halbes Dutzend Knaben zwischen dem dreizehnten und vierzehnten Lebensjahre und kaum ein paar Dutzend Lehrlinge von vierzehn bis siebzehn Jahren. Auch das gab unsrer Fabrik und unsrer Arbeiterschaft ein ganz bestimmtes Gepräge; mich hinderte es vor allem, über Frauen- und Kinderarbeit irgend welche persönlichen Erfahrungen zu sammeln.

Gleichwohl war die Zusammensetzung unsrer Arbeiterschaft noch immer bunt genug, ein getreues Spiegelbild des Charakters unsrer gesamten großkapitalistischen Produktionsweise; die verschiedensten Berufe waren vertreten und in Thätigkeit, alte, von den Vätern, aus der Zeit der Zünfte her bewährte und berühmte, und junge, die die großen Erfindungen und die veränderten Bedürfnisse unsrer Tage neu geschaffen haben. Ich kann über ein Dutzend

Handwerke aufzählen, die bei uns gebraucht wurden. Am zahlreichsten waren natürlich die Schlosser vertreten; dann folgten in abnehmender Reihenfolge etwa die Dreher, die Hobler, die Tischler, die Bohrer, die Stoßer, die Schmiede, Zimmerleute, Anstreicher, Riemer und Klempner. Dann aber jene Reihe neuer und Zwitterberufe: Anreißer, Aufreiber, Anhänger, Schmirgler, Räderschneider; dazu Maschinenwärter, Heizer, Packer, Transporteure, andre Handlanger jeder Art und Bestimmung – denn auch unter ihnen herrscht die Arbeitsteilung –, Kutscher und Portier, eine bunte Kette, in der doch jedes Glied eine Notwendigkeit ist, um auch nur die kleinste Maschine fertig zu bringen: eine Form menschlicher Arbeitsgemeinschaft, so neu, originell, großartig, wie sie vergangene Zeiten wohl nie gekannt haben, der sichtbare Ausdruck der geistigen und wirtschaftlichen Umwälzung, die sich eben jetzt auf unsrer Erde vollzieht, und von der es sich eben in unsern Tagen entscheiden soll, ob sie der Menschheit zum Segen oder zum Fluche werden wird. (...)

Dieser *Arbeitsprozeß* war schwer, kompliziert, langsam; aber er war keiner von denen, die den Menschen durch seine Einförmigkeit geistig, moralisch und physisch tot machen. Denn die Maschinenbauindustrie ist eine der höchst entwickelten Zweige der modernen Großindustrie und steht auch, was den sittlichen Einfluß ihres Arbeitsprozesses auf die dabei beschäftigte Arbeiterschaft anlangt, mit an erster Stelle. (...) Man ist in vielen Kreisen so wenig imstande, sich einen rechten Begriff von dem Charakter der Fabrikarbeit zu machen, ist so leicht geneigt, jede Fabrikarbeit als die durchschnittlich tiefststehende, einfachste und darum notwendig billigste Art menschlicher Thätigkeit anzusehen, daß ich es für meine Pflicht halte, an dieser Stelle vor diesem leichtfertigen Urteil zu warnen und auf die Arbeit dieses Mannes hinzuweisen, die meines Erachtens viel größere geistige und physische Kraft fordert und doch viel niedriger gelohnt ist, als z. B. die Thätigkeit vieler Subalternbeamten, Handlungsgehilfen, Kontoristen und andrer, die doch eine ganz andre gesellschaftliche Stellung und meist auch ein ganz andres Einkommen haben als dieser und andre ihm gleich zu ordnende Fabrikarbeiter. Ich stehe nicht an, es auszusprechen, daß mir die einseitige und in dem Grade, wie es geschieht, ja ohne weiteres falsche und lächerliche Betonung und Überschätzung der körperlichen, der Hand-, der Fabrikarbeit seitens der Sozialdemokraten auch in unsrer Fabrik eine ihrer begründeten Ursachen in dieser bisher sehr häufigen Nichtachtung und Verkennung solcher und ähnlicher Fabrikarbeiter, deren es viele giebt, zu haben scheint. Es ist der Drang nach einer gerechteren sittlichen Würdigung und damit auch gesellschaftlichen Anerkennung dieser Berufe durch die Allgemeinheit, der hier wie in der ganzen modernen Arbeiterbewegung in elementarer und ungefüger Form zum Ausdruck kommt. (...)

(Bei der Arbeit in unsrer Fabrik wurde) die schlimme Folge dieser Teilarbeit durch den Gesamtcharakter gerade unsers Arbeitsprozesses wesentlich gemildert und auch ihre Thätigkeit ethisch vertieft. Denn dieser Prozeß beruhte bei uns auf dem Prinzip der Arbeitsbeteiligung *aller an demselben* einen Arbeitsprodukte. Vom Meister und Monteur herab bis zum Packer und Transporteur, schaffte jeder einzelne mit an dem gleichen Objekt, an einem einzig sinnvollen Ganzen, dem komplizierten Kunstwerke einer Werkzeugmaschine. Damit aber blieb einmal das Bewußtsein gegenseitiger Unentbehrlichkeit und Verantwortung unter allen rege, und zweitens das Interesse auch des einfachsten Schablonenarbeiters und Handlangers an dem Ganzen lebendig. Denn jede einzelne Arbeitskategorie war für den Arbeitsprozeß notwendig, jede einzelne mit ihrem Pensum auf die prompte, akkurate und verständige Leistung der andern angewiesen. Man wußte genau, wieviel z. B. für die Schlosser darauf ankam, daß der Bohrer genau nach Vorschrift bohrte; man sah, wieviel Mühe es allemal kostete, Sachen, die einer verpfuscht hatte, wieder gut und brauchbar zu machen; und man fürchtete die berechtigten Vorwürfe und Klagen der Arbeitsgenossen, die einen in solchen Fällen zu unangenehmer Verantwortung zogen. So orientierte man sich lieber in zweifelhaften Fällen über Bestimmung und Zweck des Stückes und verrichtete auch die langweiligste Teilarbeit nicht ganz ohne Aufmerksamkeit und Überlegung und mit verständnisvoller Rücksicht auf die Zusammensetzung der ganzen Maschine. Und indem so fast jeder der 120 Mann an dem Gelingen fast jeder Maschine, die aus unsrer Werkstatt hervorging, seinen Anteil und sein Verdienst hatte, kam es, daß auch ein jeder, selbst der schlichte

Handarbeiter, der Teile und Ganzes fünfzehn, zwanzigmal transportiert hatte, ihre Bezeichnung und allgemeine Konstruktion mehr oder weniger genau sich klar zu machen suchte, und daß der und jener, wenn das Kunstwerk fertig und zum erstenmal im Gange war, mit prüfendem Auge und innerer Befriedigung hinzutrat, um die Stücke zu suchen, die sein Hobel geglättet, sein Bohrer durchbrochen, sein Meißel getroffen, seine Hand mühsam hin und her geschleppt hatte. Wohl den meisten war der heilsame Einfluß dieses ganzen gemeinsamen Arbeitsprozesses nicht bewußt, aber er trat mir immer sofort deutlich vor die Augen, wenn mich der Zufall, die Neugierde oder ein Auftrag einmal in die Säle der Stickmaschinenfabrikation führte, in der ganz anders als bei uns die Thätigkeit vieler Arbeiter in allersimpelste Schablonenarbeit auseinanderfiel, ohne daß der Betriebsorganismus, den sie hatten, denselben Vorteil und Ersatz hätte bieten können wie der unsre. Hier gab es Arbeiten zu verrichten, von denen man mit Recht sagt, daß sie aller sittlich erziehenden Momente, wie sie die evangelische Auffassung der Arbeit fordert, bar sind, bei denen der Mann, selbst wenn er es wollte, gar nicht die Möglichkeit hatte, Streben, Sorgfalt, Fleiß zu beweisen, anzuwenden, was er gelernt hatte oder für gut hielt, wo er vielmehr willenlos, gedankenlos, kraftlos nur immer dasselbe Stahlblättchen an immer derselben Stelle durch immer dieselbe Handbewegung in immer demselben Tempo durchlochen zu lassen oder nichts als Maschen, immer Maschen zu zählen hatte, Tag um Tag und elf Stunden an jedem – Arbeiten, die für einen strebsamen, vorwärtsdrängenden Mann in der That kein Gottesdienst mehr sind, sondern Höllenqual. Freilich auch in jenem andern Teile der Fabrik gab es solche Arbeiten noch nicht so massenhaft wie wir sie in andern Industrien kennen, aber immerhin zahlreich und ausgeprägt genug, um den Kontrast gegen den Charakter unsers Arbeitsprozesses scharf hervortreten zu lassen, der bei allen vorhandenen Schwächen und Nachteilen doch wenigstens den einzelnen Mann nicht äußerlich und innerlich isolierte und ihn in eine rührige Arbeitsgemeinschaft hineinstellte, die ihn trug, erhob und ihm auch eine mühselige Teilarbeit erträglicher machte.

Aber vor einem großen sittlichen Schaden behütet die Leute auch dieser so hochstehende Arbeitsprozeß nicht wie wohl überhaupt kein großindustrieller Betrieb in der heutigen Form der Organisation: nämlich vor einer gewissen Unselbständigkeit des Charakters, die immer da eintritt, wo der Arbeiter nicht imstande ist, über sein Arbeitsprodukt auf dem Markte frei zu verfügen. Es fehlt ihm, was auch der einfache Handwerksmeister noch besitzt oder doch bis vor Jahrzehnten besessen hat, die persönliche Verantwortlichkeit für die Verwertung und den Vertrieb seiner Produkte. Der Arbeiter in der Fabrik, auch in der unsern, stellt die ihm aufgetragene Arbeit her; aber in dem Moment, wo er sie dem Monteur, dem Meister, dem Direktor abliefert, hat er kein Verfügungsrecht und nicht den geringsten Anspruch mehr darauf; sie existiert nicht mehr für ihn, wie er nicht für den wirtschaftlichen Markt, auf dem sie zum Verkauf kommt. Hierin befindet sich jeder großindustrielle Fabrikarbeiter, mag er noch so tüchtig und alt sein, immer und ewig auf dem Niveau des frühern Handwerks*gesellen*; darin liegt die Ursache der dauernden schülerhaften Abhängigkeit von dem Leiter der Fabrik, der an seiner Stelle seine Arbeit auf den Markt bringt und für ihn das Risiko des Verkaufs übernimmt, damit zugleich aber für ihn einen der wichtigsten Faktoren beseitigt, durch den auch die schlechteste Berufsarbeit eines Mannes noch anregend und interessant und das Haupterziehungsmittel eines geschlossenen Charakters, einer befriedigenden, ihres Lebenszieles klaren Persönlichkeit wird. Es fehlen die Sorgen um die Verwertung seiner Arbeiten, die Freude daran, wenn sie gelungen ist, der Stachel und Ehrgeiz, die rechten und besten Wege für ihren Absatz zu finden. Gerade das aber reift, klärt, stählt den Willen, den Charakter, die geistige Fähigkeit des Mannes, macht ihn erst zu einem ganzen Manne. Jetzt aber ist an diese Stelle, wie gesagt, die schülerhafte Abhängigkeit getreten, die nicht sich, sondern immer einem Höhergestellten und immer nur diesem Einzigen verantwortlich ist; gegenüber seiner Gunst sind Geschick und Glück, gegenüber seinem Willen und Machtwort, seiner Anordnung und Verfügung ist der eigne gute Wille, ist die eigne, selbst die größte Geschicklichkeit minderwertig, und das Selbstbestimmungsrecht im Beruf und der künftigen Existenz jetzt null und nichtig. So ist es nur natürlich, daß der Arbeiter sich mit andern bald gleichgiltigen nebensächlichen, kindischen Dingen, bald wieder mit zu schwierigen, seinem Fassungsvermögen fernabliegenden Problemen zu beschäftigen oder sich ins Vergnügen oder politische Radauleben zu stürzen sucht. Jedenfalls aber macht es ihn unnormal und prägt seinem Charakter den Stempel innerlicher Unfertigkeit auf, den ich auch an meinen Arbeitsgenossen zum Schaden für ihre sittliche Lebensführung bemerkt habe. Und also beseitigt, wie sich mir dies bei uns deutlich und täglich zeigte, der großkapitalistische Fabrikbetrieb selbst gerade das, was heutzutage noch eine große Majorität zu Verfechtern des individualistischen Wirtschaftssystems macht, die Selbstverantwortlichkeit des einzelnen Berufsarbeiters, seine männliche Selbständigkeit vor der Öffentlichkeit des Wirtschaftslebens, die Möglichkeit des persönlichen Risikos, die Freiheit der Produktion und der Selbstgestaltung der eignen Zukunft und damit edeln Ehrgeiz und starkes Streben.

Und diese verhängnisvolle, im technischen Großbetriebe notwendig wurzelnde Wirkung wurde durch die *Arbeitsordnung* noch vermehrt, die bei uns in Geltung war. Diese im Folgenden darzustellen, ist meine nächste Aufgabe. Sie war, nebenbei bemerkt, in einem Büchelchen von dreizehn Oktavseiten im Druck erschienen und wurde jedem in die Fabrik neu eintretenden Arbeiter eingehändigt unter der Bedingung der Zurückgabe beim Austritt aus der Fabrik.

Ich beginne der Vollständigkeit wegen mit der Arbeitszeit, deren schon früher erwähnt worden war. Sie dauerte also von früh 6 Uhr bis mittags 12 Uhr, und von 1 bis 6 Uhr nachmittags. Montags, oder überhaupt an jedem ersten Arbeitstage einer neuen Woche erfolgte der Beginn morgens eine Stunde später, erst um 7 Uhr, eine von allen dankbar empfundene Erleichterung, für viele, namentlich junge Leute, die des Sonntags sich austollten, die Sonntagabend bis 12 Uhr auf dem Tanzboden und den Rest der Nacht oft bei ihren Mädchen zubrachten, die Möglichkeit, nun wenigstens ein paar Stunden noch schlafen zu können und nicht ganz übernächtigt und kraftlos die Arbeit der neuen Woche anzutreten. Auch am Sonnabend war eine Stunde gestrichen. Da wurde schon um 5 Uhr nachmittags Feierabend gemacht. Sonst fand eine Unterbrechung dieser Arbeitszeit nur am Vormittag zwischen 8 und 8,20 Uhr statt, wo das Frühstück, das ich bereits schilderte, genommen wurde; die Nachmittagsvesperpause war beseitigt, um die Leute schon 6 Uhr nach Hause schicken zu können. Abweichungen von dieser Arbeitszeit fanden, so lange ich der Fabrik angehörte, nicht statt. Doch war in dieser Zeit mehrmals unter den Arbeitsgenossen von in Aussicht stehenden Überstunden die Rede, wenn die Nachricht von neuen umfangreichen Maschinenbestellungen, die gemacht seien, aus dem Kontor in die Arbeitsräume drang. Solche Gerüchte wurden nie mit Befriedigung aufgenommen und kolportiert; denn in dem Falle, daß sie sich bewahrheiteten, traten zwei Absätze unsrer Fabrikordnung in Kraft, die *alle* Arbeiter ohne Widerrede zur Übernahme solcher Überstunden bei dem gleichen Stunden- und Akkordlohne zwangen und folgendermaßen lauteten: »Abweichungen von der gewöhnlichen Arbeitszeit werden durch Anschlag bekannt gemacht« und »Jeder Arbeiter ist verpflichtet, zu vereinbartem Lohne auch nach Feierabend zu arbeiten.«

Dagegen hing es vom freien Willen des einzelnen ab, Beschäftigungen an Feiertagen zu übernehmen. Auch sie fanden in meiner Anwesenheit in bemerkenswertem Umfange nicht statt; übrigens erschwerte sie auch das sächsische Gesetz über das Verbot der Sonntagsarbeit erheblich. Die Überstunden- und Sonntagsarbeit, die in jenen Sommermonaten vorkamen, beschränkten sich infolgedessen auf das geringe Maß der notwendigen Reparaturarbeiten und auf Hilfsdienste der einen Hälfte der Arbeiterschaft an einem Sonn- und Montage, an dem die jährliche Inventur stattfand. Hierzu wurden die Leute befohlen, zu jenem die verwendet, die sich freiwillig anboten. (...)

Unsre Arbeit wurde uns teils durch Stunden- teils durch Akkordlöhne bezahlt, deren Höhe meist beim Eintritt in die Fabrik gewöhnlich vom Meister, selten durch den Direktor selbst bestimmt zu werden pflegte. Der Stundenlohn überwog in unsrer Abteilung. Jenen verderblichen Gruppenlohn aber, bei dem ein oft ganz ungeschickter und gar nicht berufsmäßig vorgebildeter, nur äußerlich gewandter und geschmeidiger sogenannter Akkordmeister für die Herstellung einer Maschine oder eines andern Produktes eine bestimmte Summe erhält, von der er nun die ihm zugewiesenen und von ihm nur beaufsichtigten, nicht einmal bei der Arbeit unterstützten Arbeiter häufig so zu lohnen pflegt, daß ihm der Löwenanteil der Summe zufällt, also mit nackten Worten das englische Schwitzsystem in deutschem Gewande, gab es meines Wissens bei uns glücklicherweise gar nicht. Und ein Widerwille gegen den Akkordlohn war auch nicht, höchstens bei einigen sozialdemokratischen Prinzipienreitern, vorhanden, wäre in unserm Falle auch die reinste Thorheit gewesen. Denn die große Gefahr, die die Akkordarbeit in sich birgt, und die sie auch, wie mir von Arbeitsgenossen erzählt wurde, thatsächlich in einer der andern großen Chemnitzer Maschinenfabriken haben sollte, daß die Arbeiter während der ganzen langen Arbeitszeit durch das Akkordlohnsystem bis aufs Blut angestrengt würden, wurde bei uns durch das glücklich gewählte nicht zu langsame und nicht zu schnelle Arbeitstempo vermieden, das in der ganzen Fabrik herrschte und seinerseits viel dazu beitrug, daß auch die nüchternste Teilarbeit erträglich wurde. Ohne daß gebummelt und gefaulenzt wurde, war doch dem Einzelnen einigermaßen so viel Freiheit und Spielraum gelassen, daß er sich in dieser Stunde einmal nach seinen zufälligen Bedürfnissen etwas Zeit nehmen konnte, um es in einer andern bessern Stunde wieder nachzuholen. (...)

Die allvierzehntäglich wiederkehrende Stunde der Lohnauszahlung war für alle ein sehnlichst erwarteter, festlicher Termin. An dem Nachmittag, der ihr voraufging, wurde nicht allzu eifrig gearbeitet, und wenn es sechs Uhr schlug, war im Nu unser ganzer Bau leer, und die Schar drüben im andern Gebäude, wo in zwei der Fabriksäle die wichtige Handlung vor sich ging, schnell und einfach genug. Ein Meister rief in alphabetischer Reihenfolge die Namen der Leute. Auf deren »Hier« übergab ein andrer ihm eine Blechkapsel, in der die Lohnrechnung und das Geld in runder Summe lag. Ein Blick, und man hatte die Richtigkeit der Rechnung geprüft, ein Griff, und die leere Büchse wanderte in einen am Wege stehenden Korb. Wir bekamen nie die Bruchteile einer Mark ausgezahlt. Hatte einer z. B. 29 Mark 97 Pfennige verdient, so erhielt er immer nur 29 Mark ausgehändigt. Die 97 Pfennige wurden ihm gut geschrieben und in das nächste Lohnkonto mit verrechnet. Damit waren die Leute auch wohl zufrieden.

Für mich war die ganze Szene immer besonders reizvoll. Sie bot dem Auge ein packendes Bild. Im Halbkreis stehen die rußigen Gestalten um die zwei Meister, im Arbeitskleide, den Hut auf dem Kopfe, den Blechkrug in der Hand, dicht gedrängt. Alte und junge durcheinander, die einen sich neckend, andre gleichgiltig wartend, andre mit finsterm, gespanntem Auge den ausrufenden Meister fixierend, bis ihr Name erklingt, und sie ihr »Hier« antworten können, ihr Arm sich vorstrecken und das Sauerverdiente empfangen darf. Dazu im Hintergrunde der Szene die großen Maschinen, die wie im Schlafe stumm, unbeweglich daliegen nach dem rastlosen Getriebe des Tages, an sie gelehnt da und dort ein Mann, der prüfend, und bald lächelnd bald enttäuscht den Inhalt seiner Büchse mustert. Und über allem das Abendrot der untergehenden Sonne, deren letzte flimmernde Strahlen durch die blinden Scheiben der hohen Fabrikfenster brechen.

Strafen, und zwar fast ausschließlich Geldstrafen, waren in unsrer Fabrikordnung reichlich und doch – ich kann das wohl sagen – meist in gerechter und praktischer Beurteilung der Verhältnisse ausgesetzt. Die höchste betrug 2 Mark, die niedrigste 20 Pfennige. Jene trat ein, wenn einer beim Rauchen oder Schnapstrinken innerhalb der Fabrik oder bei mißbräuchlicher Benutzung der elektrischen Signalglocken ertappt wurde, letztere lag auf unpünktlichem Beginn der Arbeit. Die hohe Strafe auf das Schnapstrinken und den Mißbrauch der elektrischen Glocken, die in beiden Fällen eventuell auch auf sofortige Entlassung erhöht werden konnte, war durchaus gerechtfertigt, und ihre Höhe war die Ursache, daß sie nur selten in Anwendung zu kommen brauchte. Es wurde in der That fast kein Schnaps innerhalb der Fabrik und während der Arbeit getrunken. Ausnahmen machten nur einige wenige notorische Säufer und ein paar ältere treue Leute, die sich des Morgens ihr sogenanntes »Püllchen«, eine kleine Flasche, die kaum 3 bis 4 Schnapsgläschen faßte, gefüllt mitbrachten und dies im Laufe des sechsstündigen Vormittags schluckweise als Erquickung und Delikatesse zu sich nahmen, also eine durchaus harmlose und ungefährliche Überschreitung des Verbotes. Die Strafe, die am häufigsten in Anwendung kam, war die wegen Zuspätkommens. Mit Schlag 6 Uhr früh, und Schlag 1 Uhr mittags schloß der Portier, der den Ein- und Ausgang der Leute zu kontrollieren hatte, das Thor, oft so, daß er den Heranjagenden das Gitter vor der Nase zuschlug. So kam es, daß mitunter zehn und zwanzig auf einmal ausgesperrt wurden. Denn bei den Entfernungen, die die Leute zur Fabrik zurückzulegen hatten, war die Verspätung um 1 bis 2 Minuten leicht möglich. Verspätungen von mehr als

10 Minuten wurden, eine allzuhohe Strafe, mit 50 Pfennigen geahndet. Das war mehr als das Verdienst einer Stunde, für manche, wie für mich, sogar das von 2 und 2½ Stunden. In solchem Falle, der übrigens nicht sehr häufig vorkam, zog man es vor, lieber zwei ganze Stunden später zu erscheinen und sich dann persönlich beim Werkmeister zu entschuldigen, worauf jene Strafe wegfiel und nur der Satz für die fehlenden Stunden am Lohne abgezogen wurde. Eine gleich hohe Strafe von 50 Pfennigen lag auf Bummelei bei der Arbeit oder auf unnötigem Verlassen des Arbeitsplatzes, eine an sich ebenfalls notwendige Bestimmung, die auch nur in den seltensten Fällen in Anwendung kam, obwohl sie wohl häufig übertreten wurde. (...)

Auch im Wirtschaftsleben der Völker müssen sittliche Rücksichten wieder materiellen Interessen vorausgehn, und gerade wir, die unparteiischen Gebildeten, die mit dem Maßstabe ernster ethischer Grundsätze und ohne materielle Voreingenommenheit an der Lösung der sozialen Frage mitarbeiten wollen, müssen darauf dringen, daß dieser Grundsatz wieder immer mehr Wahrheit wird. Es muß uns gleichgiltig sein, ob einige Tausende von Mark mehr oder weniger von den Großindustriellen verdient werden, wenn damit ein Zustand beseitigt wird, der zwar formell Recht, thatsächlich aber durch die wirtschaftliche Zwangslage eine Ungerechtigkeit ist, und der dem Rechtsbewußtsein in unserm Volke einen schweren Stoß zu versetzen im Begriffe ist. Und sollten die deutschen Industriellen wirklich weniger imstande sein, diesen ernsten sittlichen Bedenken Rechnung zu tragen, als die deutsche Arbeiterschaft, die durch den von der sozialdemokratischen Partei vorgeschlagenen Zusatzparagraphen zum Arbeiterschutzgesetz ihrerseits sich bereit erklärt hat, um den Preis der Beseitigung aller Kündigungsfrist die dadurch geschaffene größere Erwerbsunsicherheit auf sich zu nehmen? Ich meinerseits spreche meine volle Sympathie mit diesem Schritte der Sozialdemokraten offen aus. (...)

Zwei Seiten unsrer Arbeitsordnung enthielten schließlich gute, klare Vorschriften zur Verhütung von Unglücksfällen. Sie wurden meist von den Leuten verständig befolgt. Während meiner Zugehörigkeit zur Fabrik ereignete sich nur ein größeres Unglück, das den Betroffenen auf etwa vierzehn Tage arbeitsunfähig machte: eine eiserne

Schiene von etwa zwanzig Pfund war ihm auf den Fuß gestürzt, hatte mit der einen spitzen Kante seinen Stiefel durchbohrt, ein tiefes Loch in das Fleisch und dieses vom Knochen los geschlagen. Dagegen waren kleinere Unfälle um so häufiger: Quetschungen der Finger und Zehen, schmerzhafte Verletzungen der Fingernägel, Verwundungen der Hände durch scharfe Ecken und Kanten, und der Augen durch abspringende Eisensplitter. Gerade das letztere kam besonders oft vor, lief aber in den meisten Fällen gut ab. (...)

Ein Arbeiter, früher Lazarettgehilfe, war stets zur ersten Hilfeleistung bereit, legte in schweren Fällen einen Notverband an und übernahm den Transport des Verletzten. In der Art Verunglückte zu transportieren war wohl erst kurz vor meinem Eintritt in die Fabrik eine große, von den Leuten aufs dankbarste, aber doch nur als die Erfüllung einer notwendigen Pflicht begrüßte Änderung eingetreten: anstatt wie früher auf harten in der Fabrik benutzten Handwagen wurde der Verunglückte jetzt in der Equipage der Direktoren nach Hause oder ins Krankenhaus geschafft. Durchaus mangelhaft jedoch waren die Wascheinrichtungen, die nur eine oberflächliche, mühsame Reinigung des Gesichts und der Hände ermöglichten. In solchen rußigen Maschinenfabriken ist aber die Errichtung von Bädern, die für alle zur Benutzung freistehen, einfach Pflicht, namentlich wenn man die traurigen Wohnungsverhältnisse, das enge Zusammenleben so vieler Menschen und beider Geschlechter nebeneinander und dazu die Notwendigkeit einer täglichen gründlichen Reinigung des ganzen schmutzigen Körpers in Betracht zieht. Aber diese fehlten gänzlich bei uns, wie es überhaupt außer dem bereits geschilderten Speisesaal nichts weiter von derartigen Wohlfahrtseinrichtungen gab; man müßte denn jenen von der Direktion gebilligten Handel eines einhändigen Expedienten mit guten, billigen Arbeitskleidern auf Abzahlung noch darunter rechnen.

Und dabei war die Arbeit in unsrer Fabrik für alle körperlich schwer und strapaziös. Ich sage das nicht nach den Erfahrungen, die ich an mir machte; ich weiß, daß ich eine Ausnahme war und daß mir wenigstens in der ersten Zeit alles doppelt schwer fiel. Ich berichte allein nach den Aussagen der Leute und nach dem Eindruck, den sie auf mich machten. Sie waren aber, mit Ausnahme der Jugend, alle des Abends am Schlusse der Arbeit mehr oder weniger müde und abgespannt: ihr Gang war nicht mehr so leicht, schnell und elastisch wie des Morgens und Mittags, ihre Stimmung nicht mehr so heiter und lebhaft, ihre Arbeitsleistung in der letzten Stunde deutlich geringer als in den ersten. Es ist gar nicht zu leugnen, daß eine Fabrikarbeit von dem Charakter der unsern, selbst bei einem so glücklichen Tempo, bei einem so hochstehenden und verhältnismäßig geistig anregenden Produktionsprozeß und bei der Freiheit und Selbständigkeit, wie sie gerade bei uns noch herrschten, die tägliche Kraft eines Mannes durchaus erschöpft. Es ist in der That keine Kleinigkeit, elf Stunden des Tages mit 120 Mann in einem von öligem, schmierigem Dunste, von Kohlen- und Eisenstaube geschwängerten heißen Raume auszuhalten. Nicht eigentlich die meist schweren Handgriffe und Arbeitsleistungen, sondern dieses Zusammenleben, Zusammenatmen, Zusammenschwitzen vieler Menschen, diese dadurch entstehende ermüdende Druckluft, das nie verstummende nervenabstumpfende gewaltige quietschende, dröhnende, ratschende Geräusch, und das unausgesetzte elfstündige Stehen in ewigem Einerlei, oft an ein und derselben Stelle – dies alles zusammen macht unsre Fabrikarbeit zu einer alle Kräfte anspannenden, aufreibenden Thätigkeit, die wenn auch nicht über, so doch gleichwertig neben jede anstrengende geistige Arbeit gestellt werden darf. Denn sie muß geleistet werden mit Anspannung der besten Kraft eines Mannes – und dies, nicht aber der Erfolg, der größere oder kleinere Nutzen aus ihr, ist der richtige sittliche Maßstab für ihre Beurteilung. (...)

Ein abschließendes Urteil über den Charakter dieser eben mitgeteilten *Arbeitsordnung* unsrer Fabrik findet man aus den Sätzen, die am Anfange des Büchelchens über die Aufnahme und an seinem Schlusse über eventuelle Änderungen der Fabrikordnung Bestimmungen enthalten. An der ersten Stelle heißt es wörtlich: »Das Recht, Arbeiter anzunehmen, steht nur der Direktion oder deren Beauftragten zu. *Durch Annahme der Arbeit unterwirft sich jeder Arbeiter den Bestimmungen der Fabrikordnung*, von welcher er bei seinem Antritt ein Exemplar ausgehändigt erhält und worüber durch eigenhändige Eintragung des Namens in ein im Kontor ausliegendes Buch zu quittieren ist.« Und an der letzten Stelle heißt es, ebenfalls wörtlich: »*Änderungen sowie Zusätze zu derselben* werden von der

Direktion *durch Anschlag bekannt gemacht und treten jedesmal sofort in Kraft.*«

Hier prägt sich auch dem Harmlosen klipp und klar der ganze Charakter dieser wie wohl fast aller bestehenden Fabrikordnungen aus. Sie ist deutlich das Produkt der Fabrikleitung, zugeschnitten nach den allein maßgebenden Gesichtspunkten ihrer einseitigen Interessen. Sie ist eine Hausordnung, die der Eigentümer allein nach seinem Willen erläßt, und der sich jeder zu fügen hat, so lange er als Glied dem Hause angehört. Es giebt für die Arbeiter gegen solche Arbeitsordnung keinen andern wirksamen Protest, als den des Austritts aus dem Verbande, dem sie Gesetz ist. Ihr Dasein und ihre Giltigkeit bezeichnet in allen Fällen von Bedeutung die vollkommene, schweigende Abhängigkeit aller Arbeiter; sie ist der Ausdruck eines absolutistischen Systems, das gerade Gegenteil von wirtschaftlicher Freiheit, die doch das heute herrschende Gesetz im Wirtschaftsleben der Völker sein soll; sie ist eine neue und folgenschwere Ursache der Unselbständigkeit und Unreife des Charakters der heutigen Fabrikarbeiter.

Freilich, und das ist das zweite, was ich abschließend zu sagen habe, wurde die Schärfe dieser ganz einseitigen Arbeitsordnung in unsrer Fabrik stark gemindert, ja häufig geradezu unwirksam gemacht durch die kluge taktvolle Art, wie sie bei uns zur Anwendung kam. Bei dem Direktor traten diese geschriebenen Satzungen überhaupt durchaus hinter seiner energischen Persönlichkeit zurück, in dessen thatkräftiger, militärischer, aber verständiger, besonnener und vor allem gerechter und unparteiischer Art sie eine neue lebendige Gestalt annahm, und dem man, wie ich das weiter unten noch ausführen werde, ohne Widerstand gehorchte. Die übrigen Vorgesetzten aber, vor allem die Meister, handhabten die Ordnung durchschnittlich so klug, mild und nachsichtig, daß die Arbeiter die in ihr enthaltenen rücksichtslosen Sätze leicht hinnahmen, und daß ihre Schärfe ihnen nur in den seltensten Fällen schmerzlich zum Bewußtsein kam. (...)

Viertes Kapitel

Die Agitation der Sozialdemokratie

Chemnitz ist einer der ältesten und ersten Sitze der deutschen Sozialdemokratie. (...) Fast 25 Jahre hindurch (...) wird in Chemnitz und Umgegend von der Sozialdemokratie agitiert, und immer waren es Parteigrößen, die hier »in Arbeit« standen. So ist es nicht verwunderlich, daß schon 1881 über 10000 und 1887 über 15000, 1890 gar 34642 sozialdemokratische Stimmen abgegeben wurden, und daß in dem Vororte, in dem unsre Fabrik stand und die Mehrzahl von uns wohnte, bei der letzten Wahl 700 sozialdemokratische und nur 150 sogenannte »reichstreue« Stimmen gezählt worden sein sollen. Dieser Vergangenheit würdig, war auch während des letzten Sommers die Agitation der Partei ununterbrochen rege, auch hier wie an den meisten Orten Deutschlands überhaupt die einzige, die zu bemerken war. Sie war durchaus planmäßig, kraftvoll und ins einzelne gehend. Allwöchentliche große öffentliche Versammlungen für Angehörige irgend eines Arbeitszweigs oder auch für Männer und Frauen überhaupt hielten die Aufmerksamkeit der gesamten arbeitenden Bevölkerung für die Arbeiterpartei zunächst im allgemeinen lebendig. Freilich waren diese Versammlungen, wenigstens die, die ich mitgemacht habe, meist nur dürftig besucht; und nur wenn ein besondrer Anlaß eine Reihe bestimmter Berufszweige zugleich beschäftigte, oder ein bekannter von auswärts zitierter Redner, eine sozialdemokratische Größe auftrat, schwollen sie zu imposanten Massenversammlungen an; sonst schwankte die Durchschnittszahl der Besucher wohl immer zwischen 1–200 Mann; es waren die in der Bewegung voranstehenden Arbeiter, die immer den Ton angaben, wo etwas Sozialdemokratisches los war. Meist waren das gut situierte Leute. (...) Jedenfalls aber erregten diese Versammlungen schon durch die ständigen großen roten Plakate, die sie vorher an allen Ecken und Enden der Stadt und Vorstädte ankündigten, ihren Zweck: die Aufmerksamkeit der Bevölkerung für die Bewegung wachzuhalten. Im übrigen bildeten sie nur den Rahmen für die intensivere besondre Agitation in den einzelnen Stadtteilen und

Vorstadtdörfern. Denn fast jeder dieser Bezirke besaß, und zwar nicht bloß bei herannahender Reichstagswahl, seinen *sozialdemokratischen Wahlverein*, der das ganze Jahr hindurch eine stille aber kluge und tiefgehende Thätigkeit entfaltete, und dessen Mitglieder sich aus den überzeugtesten und zielbewußtesten Anhängern der Partei zusammensetzten. (...)

Eine eigentümliche und nicht zu unterschätzende Bedeutung für die Agitation der Partei besaßen auch die beiden bereits genannten sozialdemokratischen *Witzblätter*, die jener Kolporteur vertrieb. Wer sie kennt, wird zugestehen, daß sie ganz respektable Leistungen auf ihrem Gebiete sind. Die Bilder sind fast immer künstlerisch gewandt, die Witze, natürlich stets politisch gefärbt und zugespitzt, aber prägnant und schlagend, der Humor gesund und gut. Ihre Existenz ist für mich immer eine Ursache innerer Befriedigung gewesen, denn sie ist mir ein Beweis für den unblutigen Charakter der ganzen großen sozialdemokratischen Geistesbewegung. Eine Bande rabiater Gesellen, eine Partei, deren ausschließliches bewußtes Ziel der Ausbruch einer blutigen Revolution, deren einzige und größte Freude die Vernichtung alles dessen, was ist, sein würde, dächte nicht daran und wäre auch nicht fähig, etwas wie diese Witzblätter zu produzieren. Wo der mit echtem, heiterm Humor durchsetzte Witz im Gegensatz zu der bloßen von Verbitterung und Verbissenheit erfüllten und diktierten Satire zu so harmlosem Ausdruck gelangen kann, wie in diesen beiden Blättern, da ist ein solcher »blutiger« Verdacht mehr und mehr auszuschließen; da kann man vielmehr auch aus solchen kleinen, an sich geringfügigen Zeichen die Gewißheit nehmen, daß bei allem sittlich Bedenklichen und geistig Unreifen, das dieser Bewegung anhaftet, bei allem ernsten und gefährlichen Explosionsstoff, der in ihr noch unleugbar ruht, doch auch so viel gesunde Kraft und frisches Blut in ihr pulsiert, daß bei richtiger Behandlung und Beeinflussung auch sie noch zu einem bedeutenden gottgewollten und gottgesegneten Faktor in der fortschreitenden Kulturentwicklung der Menschheit erzogen werden kann. (...)

In der *Fabrik* selbst, während der Arbeit war von einer offnen und ostentativ-politischen Agitation der ausgesprochenen Sozialdemokraten so gut wie nichts zu beobachten. Das verhinderte vor allem wohl schon die energische Haltung unsers technischen Direktors. Er machte es jedenfalls schlauer als der »König« Stumm. Er war streng, aber er überspannte den Bogen nicht, wie dieser es zu thun scheint. Er hatte ruhig, noch nach sieben Monaten, die große Kreideinschrift über der Eingangsthür zu unserm Bau stehn lassen: »Arbeiter, wählt alle Schippel!« Er ignorierte das einfach, wie das »Hoch die internationale Sozialdemokratie!«, das in vielen Ecken zu lesen stand. Aber sonst hatte er ihnen angekündigt: »Die Sozialdemokratie ist mir ganz egal; draußen könnt ihr euch so rot anstreichen, wie ihr wollt, hier drin nicht; hier kommandiere ich; wer es dennoch thut, fliegt hinaus.« Man wußte, daß er damit ernst machte, und hütete sich demgemäß, das Verbot zu überschreiten. Nur zu intimen Bekannten, deren man ganz sicher war, gab der oder jener agitatorisch angelegte zielbewußte Sozialdemokrat gelegentlich auch seinen politischen Anschauungen offnen Ausdruck; im übrigen beschränkte sich die kleine Schar der Getreuen darauf, einen um so intensivern indirekten Einfluß auf Angelegenheiten des Betriebes auszuüben. Ich merkte schon wenige Tage nach meinem Eintritt in die Fabrik, daß in solchen Fragen die gesamte Arbeiterschaft unsrer Abteilung unter einem gewissen undefinierbaren Drucke stand, und daß die Fäden dieser stummen Beeinflussung in den Händen ganz bestimmter charakteristischer Persönlichkeiten zusammenliefen. Wenn z. B. durch die Leiter der Fabrik irgend eine Neuerung in der Produktion, im Betriebe, in der Arbeitszeit, in der Löhnungsform eingeführt wurde, so konnte man genau beobachten, wie die Mehrzahl der Arbeiterschaft unschlüssig, zagend mit ihren eignen Ansichten und Urteilen zurückhielt, bis auf einmal die Parole ausgegeben, die »öffentliche Meinung« gebildet erschien. Und wenn sie auch vielen der Leute nicht paßte, ja deren augenblicklichem Interesse direkt entgegenstand und darum deutlich von ihnen gemißbilligt wurde, so war sie doch eine Macht, die man respektierte, und gegen die man offen nur selten Einspruch zu erheben wagte.

Das ist, was ich an *planmäßiger organisierter* Agitation der sozialdemokratischen Partei an unserm Orte bemerkt habe. Ich behaupte und glaube nicht, daß sie sich auf diese Arbeit beschränkte; aber ich habe nur das, was ich schilderte, beobachten können. Ihre *Leiter und Hauptträger* war die nicht allzu zahlreiche Schar der Elitesozialdemokraten, der überzeugten Genossen, die die Phalanx der Partei an jedem Orte, den Halte- und Krystallisationspunkt für die Tausende bilden, die sich um sie gruppieren. Aus dieser Schar gingen die Kandidaten für die sozialdemokratischen Wahlen, die Unterführer in den einzelnen Bezirken, die Vorstände der Wahl- und Fachvereine, die Komiteemitglieder für die Agitation bei Wahlen hervor. Sie allein waren in abstufender Reihenfolge mehr oder weniger eingeweiht in die Pläne der gesamten allgemeinen Zentralleitung, waren deren ausführende Organe, erhielten allein Mitteilungen und Anweisungen von ihr. Sie leiteten die Feste, waren die Wortführer in den öffentlichen Versammlungen und Auseinandersetzungen mit den Gegnern, die Wanderredner in der Umgegend, die unermüdlichen Vortragenden in den regelmäßigen Sitzungen der Wahl- und Fachvereine; sie instruierten auch die tonangebenden Personen in den Betrieben, in denen nicht selbst einer von ihnen beschäftigt war. Von den übrigen Arbeitern wurden sie – äußerlich wenigstens – widerspruchslos als die Führer anerkannt, und mit einem absonderlichen interessanten Gemisch kameradschaftlicher Vertraulichkeit und achtungsvollen Respekts behandelt; sie ihrerseits erwiderten diesen Ton wenigstens vielfach mit einer Art berechneten Wohlwollens und selbstgewisser Zurückhaltung. Doch war nicht jeder von ihnen bei jedem gleich gefeiert und geachtet. Einer gefiel besser als der andre; den hatte man lieber als jenen. Darüber entschied die Art seines Auftretens, seiner Reden, seiner ganzen Gesinnung. (...)

Gleichwohl erkannte man sie als die leitenden Persönlichkeiten an, lauschte ihren autoritativen Worten, respektierte die Anordnungen, die sie von Partei wegen zur Ausbreitung eben der von ihnen gleichmäßig organisierten und geleiteten und in der That meist wohlüberlegten Agitation geben zu müssen glaubten. Als ausführende Organe solcher einzelner Befehle ließ sich aber nur eine kleine Schar der Anhänger gebrauchen, fast ausschließlich ganz jugendliche Persönchen zwischen 18 und 22, 23 Jahren, die von blindem Parteieifer und unreifem Thatendrange überquollen. Sie waren die allerbrauchbarsten und gefährlichsten Werkzeuge in den Händen jener Agitatoren, das junge grüne Holz, aus dem diese ihre ergebenen Adjutanten und ihren Nachwuchs schnitzten. Die Menge der Anhänger aber, namentlich derjenigen, die etwas selbständige Neigungen und gemütliche Bedürfnisse hatten, gab sich mit dieser Art der organisierten Parteiagitation nicht ab, hatte wohl auch nicht die Zeit, die Kraft und die Mittel dazu.

Sie huldigten vielmehr einer andern für sie bequemern Art der Agitation, die jener planmäßigen, von einer Zentralstelle geleiteten und gut funktionierenden nebenherging. Man kann sie im Gegensatz zu dieser die mehr *freiwillige*, *irreguläre*, *zufällige*, dem Ermessen, dem augenblicklichen Empfinden, den Fähigkeiten, der Gesinnungstreue der einzelnen Anhänger überlaßne nennen. Sie war mit einem Worte der persönliche Einfluß, den der sozialdemokratische Arbeiter auf den noch nicht oder erst wenig sozialdemokratischen Genossen ausübt; sie war gleichsam das Fleisch, jene andre das Gerippe des ganzen Ungeheuers, so da heißt sozialdemokratische Propaganda. Sie war wichtiger, bedeutsamer, verhängnisvoller als jene, aus der sie zwar ihre Kraft, ihre Gedanken, ihre ganze geistige Nahrung und immer neuen Antrieb empfing, der sie aber ihrerseits auch erst Leben und Nachdruck verlieh. (...) Und das ist vielfach ein weiteres Charakteristikum an ihr: sie, *diese* Agitation, ist in vielen Fällen den Agitierenden selbst gar nicht bewußt, und gerade dann, wo dies eintritt, erst recht eindringlich und eindrucksam. Denn sie ist dann erst recht der unmittelbare Ausfluß des innern Empfindens, der innern Gedanken, die die Seele beherrschen, als eine Glaubensmacht und treibende Lebenskraft, der Ausdruck und die Ausprägung der eigensten Persönlichkeit, die dabei ihr bestes einsetzt, weil sie von ihrem besten redet. Darum wird gerade diese überall, wo Sozialdemokraten anwesend sind, geübte Agitation so besonders bedeutungsvoll, daß hinter ihr die ganze Person der Agitierenden steht und den Argumenten des Wortes den wuchtenden Nachdruck verleiht. (...)

Ihrem *materiellen Inhalte* nach hatte es diese ganze Agitation nicht nur auf die Verbreitung neuer politischer Anschauungen und ökonomischer Grundsätze abgesehen, sondern sie bezweckte und bewirkte zugleich auch eine Umwandlung der bisherigen Bildung, der religiösen Überzeugung und des sittlichen Charakters der deutschen

Arbeiterschaft. Das macht, weil die Sozialdemokratie von heute nicht nur eine neue politische Partei oder ein neues wirtschaftliches System, auch nicht nur dies beides, sondern zugleich eine neue Welt- und Lebensanschauung, die Weltanschauung des konsequenten Materialismus, die praktische Anwendung der Lehre von der *natürlichen* Weltordnung im Gegensatz zur *sittlichen, göttlichen* ist. Ich habe dies an dieser Stelle nicht theoretisch, aus der Geschichte, den Schriften, den Zeitungen der Sozialdemokratie und dem Entwicklungsgange und Charakter ihrer bisherigen Führer nachzuweisen. Das überschreitet bei weitem Rahmen und Zweck dieser Schrift. (...) Hier wird es meine Aufgabe sein, die Wahrheit jenes oben behaupteten Satzes einmal aus den praktischen Erfahrungen zu erhärten, die ich während meiner dreimonatlichen Arbeiterzeit gemacht habe. Ich werde da nun zu zeigen haben, *daß die Wirkung dieser so vielseitigen und energischen sozialdemokratischen Agitation bisher viel weniger tiefgreifend, nachhaltig und vor allem viel weniger verhängnisvoll für die politische Gesinnung und die wirtschaftlichen Gedanken der Arbeiter, die mir begegneten, gewesen ist, als eben für ihre geistige Bildung, ihre religiöse Überzeugung und ihren sittlichen Charakter.* (...)

Fünftes Kapitel

Soziale und politische Gesinnung meiner Arbeitsgenossen

Die erste und bedeutsamste Wirkung dieser eben geschilderten Agitation ist die Thatsache, *daß die gesamte Arbeiterschaft von Chemnitz und Umgegend, die ich kennen lernte, mit nur geringen Ausnahmen heute mit der sozialdemokratischen Partei irgendwie weit verknüpft ist, daß sie mehr oder weniger in der Luft ihrer Ideen lebt, und daß sie jedenfalls in ihr, dieser Arbeiterpartei* par excellence, *ihre einzige starke und berufene Repräsentantin erblickt.* Der Arbeiter, mit dem ich Umgang gehabt habe, ist – bewußt oder instinktiv – durchdrungen von dem Gefühl des bestehenden feindlichen Gegensatzes seiner und der Unternehmer Interessen; er ist erfüllt von dem Drange nach einer geschlossenen thatkräftigen Organisation der Massen, zu denen er gehört, von dem Sehnen nach einem großen Fortschritt, nach einem Aufschwung des ganzen vierten Standes, den diese Massen bilden; er hat, auch ein Kind der neuen gedankendurchfluteten, gärenden Zeit, wie die andern Zeitgenossen allerhand neue Interessen, höhere, leibliche wie geistige Bedürfnisse, deren Befriedigung er verlangt; und er weiß, sieht, fühlt, daß dieses elementare Drängen und Sehnen, dieses Streben und Bedürfen ihm niemand anders bis heute ohne Rückhalt und Eigennutz, energisch und weitausgreifend befriedigen will, als eben die sozialdemokratische Partei.

Und darum, mag ihn sonst vieles von ihr trennen, vieles von ihrem sonstigen Wesen abstoßen, gehört er ihr an, und – ich bin dessen ganz gewiß – keine augenblicklich herrschende Gewalt, auch keine geistigen Machtfaktoren werden ihn heute ohne weiteres wieder von dieser Partei lösen, werden es vermögen, daß die Gedanken, die jene geweckt hat, und aus denen sie doch auch wieder erst herausgeboren wird, jemals wieder völlig verschwinden. Darum hängen ihr unterschiedslos Junge und Alte, Gut- und Schlechtgestellte, Verheiratete und Unverheiratete, Gelernte und Ungelernte, Sparsame und Lüderliche, Fleißige und Faule, Kluge und Dumme, Herauf- und Heruntergekommene, Eingeborene und Eingewanderte, alle Gruppen, Klassen und Kategorien der Fabrik bis auf eine verschwindend kleine Gruppe irgendwiesehr an, wissen sich als Sozialdemokraten, folgen den Führern und glauben an sie, ihre Worte und Schriften wie an ein neues Evangelium. Man hat es mir mehr als einmal in der Fabrik geradezu ins Gesicht gesagt: »Was bis jetzt Jesus Christus war, wird einst Bebel und Liebknecht sein.« Das ist der Ausdruck des Bewußtseins, daß die Sozialdemokratie heute die Arbeiterschaft ist, daß diese sich in ihr zusammenfindet oder doch immer mehr zusammenfinden wird und daß, so groß und viel auch die Unterschiede, die Gegensätze, die Widersprüche, die Trennungen unter ihnen sind und immer sein werden, sie doch alle zusammen gehören in ihren Leiden, Freuden und Idealen.

Zum Beweis dessen führe ich eine Reihe ganz spontaner Äußerungen aus dem Munde der verschiedensten Arbeitsgenossen an. Sie lauten ihrem Sinne nach einander alle gleich: »Bei uns haben alle bis auf den letzten Mann sozialdemokratisch gestimmt«; »Die Arbeiter sind und wählen alle Sozialdemokraten«; »Jeder Arbeiter ist Sozialdemokrat«; »Ich wähle meinesgleichen«; und, besonders drastisch: »Hier ist alles sozialdemokratisch, selber die Maschinen!« Was sich da ausspricht, ist immer dasselbe, eben die Meinung – ganz im allgemeinen –, daß Sozialdemokratie und Arbeiterschaft ein und dasselbe sein muß. (...)

Das heißt nun freilich nicht, daß jeder von diesen ein zielbewußter, über das Prinzip und Programm der Partei klar orientierter Sozialdemokrat gewesen wäre. *Das gilt vielmehr von kaum drei, allerhöchstens vier Prozent der Gesamtheit, nur von der kleinen Schar jener Leiter und Träger der Agitation und ihren nächsten Freunden und Schülern.* (...)

In der ganzen übrigen erdrückenden Mehrheit der sozialdemokratischen Arbeiterschaft aber war von einer ebensolchen geschlossenen und klaren politischen und sozialen Gesinnung nicht mehr die Rede. Hier waren vielmehr die allerverschiedensten, auseinandergehendsten, verworrensten Ansichten in buntem Gemisch, in allen Nüancen und Färbungen vertreten. Hier waren die eignen praktischen Erfahrungen, die ein jeder in seinem bisherigen Leben und Berufe gemacht, die persönlichen Wünsche und Erwartungen, die gerade er hegte und erstrebte, die eigentümlichen Eindrücke, die er in seiner frühern nicht sozialdemokratischen Zeit, im Elternhause und sonstwo erhalten, nicht so gewaltsam unterdrückt und verwischt, sondern vielmehr häufig noch besonders rege und lebendig, und alles zusammen, eigne Erfahrung, persönliche Wünsche, frühere Einflüsse in eine wunderliche, oft nur sehr lose und nur sehr beschränkte Verbindung mit sozialdemokratischen Anschauungen und Lehrsätzen gebracht. (...)

In einem sehr wichtigen Gesichtspunkte näherten sie sich zunächst einander ziemlich alle. Das war in dem Verhältnis zu den letzten radikalen Zielen des sozialdemokratischen Parteiprogramms. Ich sage nicht, daß man sie offen verwarf oder ihnen auch nur konsequent Opposition machte. *Aber bei der Mehrzahl dieser Durchschnittssozialdemokraten und gerade auch bei den klügern, nachdenklichen, praktischen, erfahrenen und gereiften Männern unter ihnen war weder der offizielle demokratische Republikanismus noch der wirtschaftliche Kommunismus eigentlich recht populär.* (...) So sagte mir einmal ein ziemlich gut gestellter, kinderloser, darum sorgenlos lebender Bohrer, ein schon älterer, gutmütiger, höflicher Mann, aber ein begeisterter Anhänger der Sozialdemokratie, genau wörtlich: »So wie Bebel die Sache in Zukunft haben will, wird es doch niemals kommen. Er hat sich schon geändert und wird sich auch weiter noch mehr ändern.« Ein andrer, ebenfalls sehr kluger, nachdenkender und überzeugter Sozialdemokrat erzählte mir einmal unter anderm in einem längern Gespräche: »Weißt du, ich lese nie ein sozialdemokratisches Buch und selten eine Zeitung. Früher habe ich mich überhaupt nie mit Politik beschäftigt. Aber seit ich verheiratet bin und fünf tüchtige Fresser im Hause habe, muß ichs thun. *Doch mache ich mir meine Gedanken für mich.* Ich bin auch nicht für rote Schlipse, große runde Hüte und sonstige ähnliche Sachen. Das machts alles nicht. *Wir wollen auch gar nicht den Reichen und Vornehmen gleich werden. Reich und arm muß und wird immer sein.* Das fällt uns gar nicht ein. Aber wir wollen gerechtere und bessere Ordnung in der Fabrik und im Staate, und was ich darüber denke, sage ich offen heraus, wenns auch nicht gefällt. Etwas Ungesetzliches aber thue ich nicht.« Überhaupt scheuten sich Klügere und Selbstbewußtere nicht, auch gegenüber augenblicklichen Fragen ihrer Partei ihre besondre Stellung auszusprechen. (...) Es kommt in diesen Meinungsäußerungen nicht darauf an, ob sie sachlich und wirtschaftlich richtig oder falsch sind, (...) sondern darauf, zu beweisen, daß *geistig begabte, gewandte und überlegende Arbeiter, so sehr sie sich im allgemeinen mit der sozialdemokratischen Partei verbunden wissen, doch eigne Ansichten nicht nur bewahren, sondern sie auch unter den Genossen ruhig auszusprechen sich nicht schämen und jedenfalls mit ganz andern Fragen sich innerlich auseinanderzusetzen das Bedürfnis haben, als mit den Phrasen von einer republikanisch-kommunistischen Gesellschaftsordnung.* (...)

(Auch diejenigen), die so ihre grübelnden Gedanken und Träume selbstbewußt und stolz oft weit hinaus in verschwimmende Ferne spannten, thaten auch das doch ohne rechtes Versenken in die eigentlich kommunistischen Prinzipien, ohne eigentlich klares Verständnis ihres Wesens und ihrer Konsequenzen und fast immer auch ohne jene erbärmliche, vaterlandslose, *politische* Gesinnung der Führer und Elitesozialdemokraten, deren Humanitätsduselei zum schwächlichsten Kosmopolitismus und damit zur Verkennung und Proskribierung alles wahrhaft Patriotischen und *patriotisch Notwendigen* verführt. Ich glaube es nachdrücklich wiederholen zu können, daß eben von dieser letzten schlimmern Sorte von Sozialdemokratismus unter der Masse dieser Durchschnittssozialdemokraten, auch der strebsamen, überzeugtern unter ihnen, nur erst noch sehr wenig als wirklicher Bestandteil innerster Überzeugung vorhanden, und daß vielmehr z. B. dem deutschen Vaterlande, dem Kaiser und dem Heere gegenüber eine überraschend freundliche Gesinnung unter ihnen lebendig war. (...)

Gleich freundlicher Art sind nun auch die Erfahrungen, die ich über die Gesinnung dieser Leute gegen den *deutschen Kaiser* und den *König von Sachsen* gemacht habe. Zwar war es hier natürlich besonders schwierig, einen sichern Einblick zu bekommen. Jedermann hütete sich vor einer Majestätsbeleidigung, da keiner dem andern recht traute. Ich glaube auch, daß sich ein nicht ganz geringer

Bruchteil wie zu manchem andern so auch zu Kaiser und Reich durchaus gleichgiltig verhielt. Sie hegten weder Haß noch Liebe; sie hatten kein Interesse dafür, häufig auch zu viel mit sich, ihren engen Verhältnissen oder seichten Vergnügungen zu thun, um daran denken und ihr Herz noch daran begeistern zu können. Dann waren gewiß auch wieder andre, die, von der parteikorrekten Gesinnung der Elitesozialdemokraten auch in dieser Beziehung schon angekränkelt, innerlich zwischen Zuneigung und Abneigung, Vaterlandsliebe und Vaterlandslosigkeit noch hin und her schwankten. *Aber für die große Mehrzahl eben der Durchschnittsanhänger war doch der Kaiser eine durchaus sympathische, volkstümliche Gestalt.* (...)

Im Zusammenhang damit ist es nun auch verständlich, *daß der weitaus größte Teil meiner Chemnitzer Fabrikgenossen durchaus an keine gewaltsame blutige Revolution dachte.* Ich habe auch für diese Thatsache nicht nur den sichern allgemeinen Eindruck als Beweis, sondern auch zahlreiche direkte und ehrliche Äußerungen meiner Arbeitsgenossen, die ebenfalls deren Richtigkeit bestätigen. An jenem aufgeregten Sonntagabend, an dem nach dem Kinderfest unsers Wahlvereins die heiße Redeschlacht mit dem amerikanisierten Baiern und seinem Freunde, dem Brauereidirektor, geschlagen wurde, an dem ein sozialdemokratisches Lied auf das andre gesungen wurde, und wirklich Herz und Mund den Leuten auf- und übergingen, erklärten mir mehrere: »Wir Arbeiter *wollen* keine Revolution. Wir sind viel zu gebildet dazu. Wir wollen auf friedlichem Wege unser Ziel erreichen; jetzt schon so viel als möglich, und unsre Nachkommen den Rest.« Und das waren ein paar jüngere Leute. In der Fabrik sagte mir gleich im Anfang meiner Arbeiterlaufbahn ein andrer: »Es fällt uns gar nicht ein, Revolutionäre zu sein; hier in Chemnitz und Umgegend denkt wenigstens niemand daran.« Und später einer: »Daß die Arbeiter Revolution machen wollen, glauben die oben im Ernst doch selber nicht.« Und einer der beiden schon genannten strammsozialdemokratisch-rabiaten Bismarckhasser sagte eben da, als wir von der Aufhebung des Sozialistengesetzes redeten: »Der Kaiser hat gesehn, daß alles auch ohne das Sozialistengesetz in Ruhe und Ordnung weitergeht. Revolution kommt schließlich nur, wenn man unsre Sache gewaltsam unterdrückt.« Ebenso ein sehr erfahrener, selbständiger, schon mehrmals genannter Monteur: »Wir wären doch selbst die größten Dummhute, wenn wir Revolution machen und die Fabriken zerstören wollten. Das wäre albern und schadete uns selber am meisten.« Dann einer der vordern in der Chemnitzer Weberbewegung, ein kraftvoller Mensch und ausgezeichneter Turner: »Die Großen wünschen, daß wir Revolution machen; aber wir werden ihnen unter keinen Umständen den Gefallen thun.« (...) Nicht die Zahl der Fäuste soll entscheiden, sondern die Zahl der Stimmen und die Macht der Wahrheit. Gleichwohl leugne ich die *Gefahr* einer Revolution keinen Augenblick. *Sie liegt aber nicht in der Absicht, in den augenblicklichen politischen und sozialen Gesinnungen der Leute, sondern einmal in der immerhin möglichen Unterlassung oder Verschleppung einer grundlegenden Sozialreform, und dann vor allem in der erbärmlichen, neuen Lebensanschauung, die, begünstigt durch die vorhandene innere Krisis der Kirche und durch unsre verwahrlosten wirtschaftlichen und sozialen Zustände, sich heute infolge der sozialdemokratischen Agitation weithin im Volke verbreitet hat.* (...)

Dagegen war es tief betrübend, wenn auch nicht gerade verwunderlich zu sehen, wie erfolgreich die sozialdemokratische Agitation unter der *gesamten* Arbeiterbevölkerung, vom eingefleischtesten bis zum harmlosesten Sozialdemokraten herab, gegen den Fürsten Bismarck hat Stimmung machen können. Kein Mann ist mehr, bitterer, glühender gehaßt da unten als der Gründer des deutschen Reiches. Über ihn herrschte *eine* Ansicht, *eine* Stimme: »Bismarck ist der größte Arbeiterfeind« und »Bismarck ist ein Betrüger.« Das sind wörtliche Zitate, die ich mehr als einmal gehört habe. (...) Noch bezeichnender war das (...) Gespräch, das ich wieder zwischen zwei andern mit anhörte.

A: »Was wird jetzt Bismarck machen?«

B: ›Der sitzt gemütlich in Friedrichsruh und stellt vielleicht neue Attentate an, wie 1878.‹

A: »Wieso denn?«

B: ›Nun, das ist doch klar. Weder Nobiling noch Hödel waren Sozialdemokraten. Jener war ein Liberaler, dieser ein Stöckerscher.

Beide waren von Bismarck angestellt, um dann das Sozialistengesetz erlassen zu können.‹

Ich: »Und warum sollte er denn jetzt wieder an so etwas denken?«

B: ›Um zu verhindern, daß das Sozialistengesetz zum ersten Oktober endlich aufgehoben wird.‹

So thöricht auch dies ganze Gespräch ist – es ist der höchste Grad von Mißtrauen, Haß und Verachtung, der aus ihm spricht, und der auch nicht durch ein einziges andres freundliches Urteil über ihn gemildert erscheint. – (...)

(Der) großen Masse der Durchschnittssozialdemokraten (...) steht nun schließlich eine letzte, nicht minder große Gruppe von Arbeitsgenossen gegenüber. *Sie umfaßt alle diejenigen, die überhaupt keine eigne politische und soziale Überzeugung haben, sie auch nicht einmal zu gewinnen sich bemühen, und die sich doch Sozialdemokraten nennen und noch mehr als solche fühlen und wissen.* Sie sehn nur sehr selten einmal in eine sozialdemokratische Zeitung hinein, sie gehn kaum in eine sozialdemokratische Versammlung, sie suchen nicht sozialdemokratische Gespräche. Aber sie schwören gleichwohl auf das sozialdemokratische Programm. Sie sind entweder zu leichtsinnig und genußsüchtig, oder zu unfähig und gedankenlos, oder zu faul und feige, oder auch – die bedauernswertesten – dauernd zu gedrückt und sorgenvoll, um sich damit zu beschäftigen. Sie wählen sozialdemokratisch, aber kümmern sich sonst nicht viel um die Partei, in der sie vor allem den Ausdruck ihrer Unzufriedenheit sehn. Sie haben von nichts eine klare Vorstellung, nur ungewisse Wünsche, verbitterte Stimmungen, Sehnsucht, daß es mit ihrer teils selbstverschuldeten teils unverschuldeten Lage bald anders, womöglich besser werden möchte. Es sind oft die ärgsten Schreier, die rohsten Gesellen, die echten verlumpten Proletarier in der ursprünglichen Bedeutung des Wortes. Aber es sind ebenso oft stille, gedrückte, hilf- und haltlose Menschen, harmlose Seelen, die niemand den kleinen Finger krümmen, denen die hochaufzischenden Wogen der wirtschaftlichen Stürme rettungslos über dem Kopfe zusammenschlagen. Es sind unter ihnen Kandidaten für Korrektionshäuser wie für christliche Arbeitervereine. Und alle Berufsklassen, alle Altersstufen sind auch unter ihnen vertreten, besonders stark aber doch die Jugend zwischen dem sechzehnten und zwanzigsten Jahr etwa. *Denn nach allen meinen Erfahrungen sind die meisten jungen Leute noch ohne nur irgendwie klare und bewußt gewollte politische und soziale Meinungen, auch ohne die vermuteten üblichen sozialdemokratischen.* (...)

So bewährt sich an all dem Berichteten mit vollster Deutlichkeit, daß die rein politische und soziale Agitation der Sozialdemokratie bei dem phantastischen, unaussprechlichen, unfaßbaren Charakter ihrer Lehrsätze, sowie bei dem nüchternen praktischen Charakter, der trotz aller Schwärmerei und Träumerei auch dem deutschen Arbeiter noch innewohnt, und im Verhältnis zu der Fülle von Zeit und Kraft, die nunmehr seit Jahrzehnten in Chemnitz auf *diese* Agitation verwendet worden ist, bisher eigentlich nicht allzu große Erfolge erzielt hat und daß es ihr jedenfalls noch nicht gelungen ist, der Mehrzahl der Arbeiterschaft dieselben ganz gleichen politischen Ansichten und Wünsche einzuprägen. Ich glaube, daß es auch in Zukunft niemals viel anders damit werden wird; jedenfalls behaupte ich mit vollster Entschiedenheit, daß die ganze sozialdemokratische Propaganda auf diesem Gebiete überhaupt nicht ihre wirkungsvollste und tiefstgreifendste Arbeit thut. Diese liegt auf einem andern wichtigern Felde, von dem das nächste Kapitel reden wird. Aber das eine Große hat sie doch auch sozialpolitisch unter den Arbeitern erreicht, daß diese sich trotz aller Unterschiede, Gegensätze und Meinungsverschiedenheiten als eine große politische und soziale Schicht empfinden gelernt haben und sich nun dauernd mit einander solidarisch verbunden und durch die Sozialdemokratie, ganz einerlei wie sie im einzelnen zu ihr stehn, vertreten wissen. Und so sehr einerseits die Recht hatten, die es mir in der Fabrik bitter klagten, daß die Arbeiter nur in Versammlungen zusammen hielten, sonst aber nicht zusammenstünden, so sehr ist es doch auch Thatsache, daß sie sich andern politischen Parteien und sozialen Gesellschaftsschichten, gerade in Stunden, da die Begeisterung erwacht, bei Wahlen und eben auch in solchen Versammlungen unwillkürlich und selbstverständlich als *eine* große Masse entgegenstellen.

Nach alledem darf man sich die Arbeiterschaft, unter der ich lebte, in Hinsicht auf ihre politischen und sozialen Gesinnungen nicht als eine uniforme, gleichmäßige und gleichwertige Masse vorstellen, sondern vielmehr – in einem Bilde – *als einen gewaltigen pyramidalen Bau, zu dem sie durch den Mörtel der sozialdemokratischen Agitation fest und wuchtig genug zusammengefügt ist. Ihre Spitze bilden die oben vielgenannten Elitesozialdemokraten. Aber von diesen, den Führern, und der kleinen Schar ihrer Getreusten geht es allmählich in immer breitern Absätzen bis zu der chaotischen Masse aller derer hinab, die nur deshalb Sozialdemokraten sind, weil sie, was ihnen heutzutage durchaus nicht zu verdenken ist, bei den Wahlen einem von »ihresgleichen«, einem Arbeiterkandidaten, einem Sozialdemokraten ihre Stimme geben.*

Sechstes Kapitel

Bildung und Christentum

Die Arbeiter unsrer Fabrik setzten sich deutlich aus drei Bevölkerungsgruppen zusammen: aus ehemaligen ländlichen Arbeitern, Knechten, Tagelöhnern und Häuslern, die teils aus ihrem heimatlichen Dorfe verzogen waren, teils von ihm aus täglich zur Fabrik kamen; aus eigentlichen großstädtischen Industriearbeitern, die ganz selbstverständlich schon von Kindesbeinen an für die Fabrikarbeit bestimmt gewesen waren, und deren Großeltern, wenigstens aber Eltern ebenfalls schon ihr Brod und ihren Lebensberuf in der Fabrik gefunden hatten, und endlich aus Angehörigen kleiner Handwerker- und Beamtenfamilien, die meist aus kleinen oder mittelgroßen Provinzialstädten, seltner aus einer Großstadt zu uns herein gekommen waren. (...)

Es ist selbstverständlich, daß die Angehörigen dieser drei Gruppen auch den Geist, die Gesinnung, den sozialen Charakter, die Lebensanschauungen und Lebensgewohnheiten mit in die Fabrik und das Zusammenleben unsrer Arbeiterschaft hineinbrachten, die in den drei sonst getrennten Bevölkerungsschichten ganz verschiedenartig vorhanden sind. Natürlich blieben dieselben hier nun nicht scharf von einander getrennt und dauernd rein erhalten. Vielmehr rieben sie sich stark aneinander, schliffen sich gegenseitig ab und wurden, namentlich unter dem Drucke der sozialdemokratischen Agitation und des eigentümlichen neuen Fabriklebens, mehr oder weniger nivelliert. Und das geschah bei den einzelnen Leuten desto schneller und intensiver, je länger sie bereits diesem Fabrikleben angehörten und je rückhaltloser sie die Verbindung mit der Vergangenheit gelöst hatten. (...)

Entsprechend dieser scharf unterscheidbaren und in ihrer Wirksamkeit nach allen Seiten und Beziehungen hin bedeutsamen dreifachen sozialen Schicht war nun auch, man kann ruhig sagen, eine dreifache Art der *geistigen Bildung* deutlich unter ihnen zu erkennen. Diese ist freilich nicht allein durch jenen Einfluß entstanden; aber ebensowenig würde der andre gleichwichtige Faktor, der zur andern Hälfte daran Ursache war, der Unterricht in den verschiedenen Schulen, die die Leute besucht hatten, und zwar der Dorfschule für die ehemals ländlichen Arbeiter, der sogenannten Bürgerschule, für die aus sozial besser situierten Kreisen stammenden Mittelstädter und der einfachen großstädtischen Gemeinde-, Bezirks- oder Volksschule für die eigentlich großindustriellen Fabrikarbeiter, diese dreifache Art von Bildung allein haben zeitigen können. Dazu sind die Unterschiede dort der Erwerbsart, des Einkommens, der Lebensgewohnheiten, hier des Lehrpersonals, der Lehrform, des Lehrinhalts an sich nicht groß genug. Erst der gemeinsame Einfluß beider Faktoren hat sie nach allen meinen Beobachtungen hervorgebracht. Denn indem je eine dieser drei Schularten sich überwiegend benutzt zeigt von allemal je einer der drei Bevölkerungsgruppen, und indem so die geistige Eigenart der Schule mit der ganzen sozialen Eigenart der betreffenden Bevölkerungsschicht, deren Kinder eben diese Schulen hauptsächlich besuchen, zusammentrifft und sich unwillkürlich in den einzelnen kleinen Persönlichkeiten der Kinder verbindet, entsteht in der That eine immer von den beiden andern deutlich unterscheidbare Qualität des Wissens, des Denkens, des ganzen geistigen Niveaus, von denen man jede nunmehr mit Recht als eine eigentümliche Kategorie der Bildung bezeichnen darf, und von denen eine jede in den Personen zahlreicher Arbeiter bald reiner bald unbestimmter verkörpert war.

Ich beginne mit der Schilderung der Dorfschulbildung, wie sie an meinen ehemals ländlichen Arbeitsgenossen zu Tage trat. Sie zeigte sich, das ist ihr oberstes Charakteristikum, als durchaus religiös und konfessionell dogmatisch bestimmt, als eine, man kann wohl kurz sagen, biblische Bildung. Und das war ebenso natürlich als erklärlich. Der Religionsunterricht der Dorfschule nimmt anerkanntermaßen qualitativ und quantitativ den breitesten Raum in ihrem Lehrgebäude ein. Aber nicht nur das, er ist auch das starke Rückgrat des gesamten übrigen Unterrichts. Der Geist und der Ton, der in jenen herrscht, wird weniger in ausdrücklichen Worten und mit bewußter Lehrtendenz als durch die Persönlichkeit und die Haltung des Lehrers und durch die ganze Art seines Unterrichtens auch in die übrigen Lehrstunden hineingetragen und gilt jedenfalls vor allem in den Augen der Kinder als derselbe hier wie dort. In den Singstunden werden geradezu außer Vaterlands- und Volksliedern, die aber ebenfalls vielfach religiösen Charakter tragen, besonders Choräle und Gesangbuchslieder geübt; das Lesebuch, das in der Lesestunde benutzt wird, enthält zahlreiche religiös-moralisierende Erzählungen, und der Geschichtsunterricht ist zu einem großen Teile Unterricht in der jüdischen und biblischen Geschichte. (...)

So wird es geradezu zu einer Notwendigkeit, daß der Vorstellungskreis, den der schlichte, handarbeitende Mann auf dem Lande sich allmählich aneignet, durchaus auf der religiösen Seite liegt, daß der kleine Schatz von Wissen, den er besitzt, auf das Gebiet des profanen Wissens der Schrift beschränkt und von dem Stand ihrer geistigen Bildung durchaus abhängig ist, und daß er die Gedanken, die er allmählich selbständig denken lernt, in den Bahnen, in den Formen, den Kategorien und Begriffen denkt, in denen die Menschen der heiligen Schrift gedacht haben. Seine Geschichtsauffassung ist unlösbar verknüpft mit dem Wunderglauben, ohne den die Jahrhunderte des Altertums, des Mittelalters und des nachreformatorischen Zeitraums bis zur Aufklärungszeit die Vergangenheit nicht auszufüllen und sich vorzustellen vermochten. Die Natur ist ihm ein unerforschtes, undurchdringbares Rätsel, eine schweigende Sphinx, über die ein dichter Schleier gebreitet ist; er kennt noch nichts von den Entwicklungsgesetzen, die die moderne Wissenschaft lehrt, von Urschleim und Stoffwechsel; und der biblische Schöpfungsbericht ist ihm nach wie vor die eigentliche Quelle seiner Naturauffassung, der einzige maßgebende Ausgangspunkt seiner Gedanken über die Welt. Endlich das gesellschaftliche Leben der Menschheit erscheint ihm, wenn überhaupt, so wie in Israel vornehmlich von religiösen und sittlichen Beweggründen bestimmt und durch das in die erstarrte Sitte gebannte kirchliche Gemeindeleben geregelt.

Und diese so gestaltete biblische Anschauungsform erwies sich mir um so fester in Kopf und Herz der Leute eingeprägt, als sie deutlich in ihren Augen getragen und gestützt, verbrieft und versiegelt erschien durch die überlieferte und unfehlbare Autorität der Schrift, aus der sie stammt. (...)

Dazu trat als eine dritte ebenso wichtige und von allen ernsten gedankenvollen Männern längst anerkannte, in meinem Verkehr mit den Leuten ebenfalls täglich bestätigte Erscheinung der Umstand hinzu, daß heutzutage in der Schule die Heilsthatsachen des Evangeliums nicht als persönliche Lebenswahrheiten unmittelbar, sondern als Lern- und Memorierstoff lehr- und schulmäßig, wie sie im Katechismus formuliert sind, nicht den Herzen, sondern den Köpfen der Kinder übermittelt zu werden pflegen. Der Religionsunterricht ist hier also vorwiegend Verstandesunterricht anstatt Erziehung des Charakters; die christliche Heilswahrheit kalter Lernstoff anstatt warme, alles durchdringende Lebenskraft; Jesus Christus – nach dem Vorgang des Dogmas – mehr ein metaphysisches Rätsel als eine historische gottvolle Persönlichkeit. (...)

Diese drei Züge, die Abhängigkeit der geistigen Bildung von den Gedankenkreisen und der Bildungsweise der Schrift, die falsche Auffassung von ihrer Autorität und die vorwiegend verstandesmäßige Aneignung der Wahrheiten des Christentums gaben ausschließlich der Bildung die Signatur, die jene ehemaligen Landbewohner, mehr oder weniger scharf geprägt, immer von neuem mit in die Stadt und unsre Fabrik hineinbrachten, und die hier für sie bis auf den letzten Mann unter ihnen auch immer von neuem die Ursache einer schweren intellektuellen und religiösen Krisis wurde, in der diese Bildung dann fast immer Bankerott und einer andern Platz machen mußte.

Einen andern Charakter zeigte die Bildung der jungen Leute, die aus meist besser situierten Handwerker- und kleinen Beamtenfamilien eben erst zu uns hereingekommen waren. In den Bürgerschulen, die sie besucht hatten, sind die Schulstunden zahlreicher, der Lehrplan reichhaltiger, der Lehrinhalt größer und gehaltvoller als in jenen Dorfschulen. (...) Weiter ist der Unterricht in diesen einzelnen Fächern offenbar ganz anders als in der Dorfschule Selbstzweck. Er vollzieht sich lange nicht so wie dort in einer religiös-moralisierenden Atmosphäre; der in ihnen gelehrte Wissensstoff fußt vielmehr auf den Ergebnissen der neuen, modernen Wissenschaft und ist unabhängiger als dort von dem Wissensstoffe der Bibel und der Gedankenwelt des überlieferten Dogmas. Der Unterricht ist also moderner und profaner zugleich; nicht jede Schulstunde ist so wie dort eine religiös bestimmte Stunde.

Der Religionsunterricht selbst aber ist (...) auch hier genau wie in der Dorfschule vorwiegend Katechismusunterricht. Sein Gegenstand ist das logisch mit den Mitteln einer antiken längstveralteten Wissenschaft aufgebaute Lehrgebäude des kirchlichen Dogmas, seine Aneignungsform das verstandesmäßige Begreifen und Auswendiglernen dieser Glaubenssätze, Bibelsprüche und Gesangbuchverse ohne ebenso starke und innerliche Aneignung ihrer religiösen und sittlichen Lebenskräfte in der Person Jesu Christi – und all das immer auch hier unter selbstverständlicher Anerkennung der wörtlichen Inspiration der Schrift und der Richtigkeit auch aller ihrer profanen Bestandteile. Aber man erlaubt sich hinsichtlich des letztern in der Praxis eine starke, wenn auch stillschweigende Korrektur, indem man in den übrigen Unterrichtsstunden eben diese nach innerer logischer Notwendigkeit allgemeingiltige Autorität eliminiert und die modernen Erkenntnisse hier als Autorität anerkennt und benutzt, ohne jedoch in eine klare Auseinandersetzung dieses innern Widerspruchs einzutreten. So wird der Religionsunterricht einerseits zwar ebenfalls wie der andre Unterricht ein rein verstandsmäßiges Lehrgebiet, aber er wird andrerseits auch von allen übrigen als etwas besonders Heikles mit Peinlichkeit isoliert.

Das pflegt nun freilich zunächst der naiven Schülerseele fast nie zum Bewußtsein zu kommen, umsoweniger, da die in den elterlichen Kreisen noch einigermaßen als wohlanständig erhaltene kirchliche Sitte und der rationalistisch-ethische Sinn solange einen gewissen Halt zu bieten vermag, als der herangewachsene junge Mann, sozial leidlich geschützt, in dieser Schicht bleibt. Sowie er aber aus ihr heraus und, wie bei uns in einen großen Fabrikbetrieb und damit auch in eine andre soziale Gruppe, hier diejenigen der großstädtischen sozialdemokratischen Industriearbeiter eintritt, wird ihm dieser innere Widerspruch, dieser große Schaden an seiner geistigen und religiösen Bildung fühlbar, und auch er ist gezwungen, gleich dem Genossen vom Lande eine Krisis durchzumachen, die zwar nicht eine so radikale Wirkung, nicht eine so völlige Hilf- und Haltlosigkeit auch seines profanen Wissens zur Folge hat wie bei diesem, aus der er aber ebenfalls meist für immer als ein andrer hervorgeht, und die er vor allem, wie sich zeigen wird, mit der Darangabe des ganzen ihm gelehrten und bisher autoritativen Christentums zu bezahlen pflegt.

Endlich die großstädtische Gemeindeschulbildung, die Durchschnittsbildung der letzten und größten Gruppe unsrer Arbeiterschaft. (...) Auch hier die übertriebene Abhängigkeit der profanen Wissensbestandteile von denjenigen der Bibel, auch hier die falsche Auffassung von deren Autorität, auch hier dieselbe überwiegend verstandesmäßige Mitteilung und Aneignung der christlichen Heilsthatsachen ähnlich wie bei jedem andern Lehrstoff.

Aber hier tritt nun die schlimme Wirkung dieses Zustandes viel schneller und unmittelbarer an den Tag. Denn bei den Schülern dieser Schulgattung pflegt im Durchschnitt die erhaltende, überbrückende, verbessernde Kraft der häuslichen und gesellschaftlichen Sitte zu fehlen, die sich noch in den beiden andern sozialen Gruppen lebendig zeigte. Denn unter dem Drucke der neuen alles verändernden Gebilde des großindustriellen Fabrikbetriebes wurde diese jüngste Bevölkerungsschicht der berufsmäßigen großstädtischen Fabrikarbeiter von allen überlieferten, festen Lebensformen befreit, die aus dem Boden früherer Gesellschaftsgruppierungen herausgewachsen waren; an ihrer Stelle sind neue noch nicht geschaffen, kaum erst in Ansätzen, und dann häufig nur in unreifen und lebensunfähigen, vorhanden. (...)

Diese Unruhe des neuen sozialen Lebens übt auch auf den geistigen und religiösen Bildungscharakter der meisten einen folgenschweren Einfluß aus. Sie läßt es zu keiner Erhaltung und Festigung der in der Schule angeeigneten Bildungselemente kommen, schwemmt vielmehr eine Menge davon schnell wieder hinweg, macht bedenklich gegen die Zuverlässigkeit der bewahrten und weckt damit zugleich das Bedürfnis und die Sehnsucht nach einer bessern und umfassendern Bildung, die frei von Widersprüchen ist, die vor der modernsten Kritik besteht, die ihnen wieder imponiert, ihnen zugleich einen Ersatz und eine Befriedigung bietet für die teilweise oder gänzliche Leere und Fadheit der eintönigen uninteressanten Berufsarbeit, und für die sie bereit sind, die ganze alte, niemals geliebte, weil niemals recht fruchtbar gewordene schulmäßige Jugendbildung zu opfern. So tritt bei den meisten und gerade den Begabten, Strebsamen, Gedankenvollen dieser dritten Gruppe jene oben bereits erwähnte Krisis plötzlicher, heftiger und gründlicher ein als bei den Angehörigen der zwei andern Gruppen; und bei ihnen kommt sie im Gegensatz zu jenen meist ohne maßgebenden Zwang und Einfluß von andern aus dem Drucke der Verhältnisse, in die sie hineingeboren sind, aus dem eignen Empfinden der Gegensätze und Lücken heraus, aus dem selbständigen Nachdenken über die Menschen und Dinge rings umher. Dieser Bildungstrieb nun sitzt tief als eine elementare Macht in vielen Köpfen und Herzen dieser dritten Gruppe von Arbeitern unsrer Fabrik. (...)

Aber seinen unmittelbarsten und grandiosesten Ausdruck erhält er doch in der internationalen Bewegung für den Achtstundentag. Das ist nicht nur eine bloße Manifestation der Faulheit und der Genußsucht, des Übermuts und der Oppositionslust, auch nicht nur der sozialdemokratischen Gesinnung und wirtschaftlicher Forderungen, sondern nach meiner Beobachtung und Überzeugung zugleich ein Beweis der Sehnsucht des Fabrikvolkes nach mehr Licht, Wahrheit und Wissen. Man will Zeit gewinnen, um auch dem geistigen Menschen die Pflege zu teil werden zu lassen, auf die er selbst in einem schlichten Fabrikarbeiter Recht und Anspruch hat. Das ist aber heute, ich habe das an mir selbst zur Genüge erprobt, der Mehrzahl noch durchaus nicht möglich, die von früh sechs Uhr bis abends sechs Uhr und länger an ihre Plätze in der tosenden dunstigen Fabrik gefesselt ist, die außerdem oft einen langen, nicht selten einstündigen Weg zur und von der Fabrik hat und des Abends schmutzig, hungrig und müde heimkommt. Unter diesem Gesichtspunkte, und jene Achtstundenbewegung ernsthaft so verstanden, wie sie ein Teil des Volkes nicht minder ernsthaft thatsächlich versteht, nämlich als den einzig gangbaren Weg zu einer wirklich ausreichenden Befriedigung dieses Bildungsinteresses, scheue ich mich nicht, sie nicht nur vorurteilslos zu würdigen und anzuerkennen, sondern auch für ihre allmähliche, schrittweise Erfüllung einzutreten, unbeeinflußt und unbeirrt auch davon, daß sie von rüden Elementen als Anlaß zu ebenso unsittlichen als nutzlosen und dummejungenhaften Demonstrationen benutzt wird.

Aber freilich, so stark die Sehnsucht nach Bildung in den Köpfen steckt, so viele sind der Hemmnisse, die sich ihrer Befriedigung in den Weg stellen. Das eine hauptsächliche (ist) die allzulange Arbeitszeit, verbunden mit weiten Fabrikwegen (...); weitere wichtige sind die kleinen engen Wohnungen mit den vielen Personen in dem einen Zimmer, dann die Sorgen hier, die Gelegenheiten zum Genuß und Vergnügen da. Das alles macht, daß bei vielen weniger willensstarken und idealgerichteten Naturen dieser Drang nach Bildung immer nur Wunsch und Drang bleibt und selten über gute Absichten und Ansätze hinauskommt. (...)

Die drei Arten von Bildung, die ich bisher schilderte, machen nun in der Fabrik eine völlige Wandlung durch. Sie werden unter dem Einflusse der Sozialdemokratie unaufhörlich zerstört und gehen in einer neuen, der *sozialdemokratischen Bildung* unter.

Denn die Sozialdemokratie hat sich auch dieser Volksbildungsfrage bemächtigt. Sie hat den Drang nach Wissen da unten wie niemand belauscht und hat sich seit zwanzig Jahren daran gemacht, ihn durch systematische Arbeit im großen zu befriedigen. So hat sie allmählich eine Volkslitteratur geschaffen, von deren Umfange heute die Kataloge der sozialdemokratischen Buchhandlungen zeugen, von einem Gehalte, wie ihn Volksbücher bisher nie zu bieten wagten, oberflächlicher und leichtfertiger zwar als die bisherigen religiösen und vaterländischen, aber nicht weniger populär wie diese und neu, modern, zeitgemäß wie keine von beiden. Sie hat darin unternommen, was jene unterlassen: sie hat mit kühnem Griffe die moderne Wissenschaft popularisiert. (...)

Doch die Sozialdemokratie hat nicht edel und ehrlich dabei gehandelt, als sie diese neue Volkslitteratur schuf. Sie mißbrauchte das Vertrauen, das das Volk ihr hierin entgegenbrachte. Sie gab ihm nicht die wahre moderne Wissenschaft, sondern ein Extrakt aus ihr, das ein Erzeugnis agitatorischer Berechnung war. Sie fälschte und strich von der neuen Wahrheit, was ihr gutdünkte, sie tauchte alles in die Farbe der Partei und stellte den so gewonnenen Inhalt ausschließlich in den Dienst ihrer Interessen. Ist es erklärtermaßen ihr oberstes höchstes Ziel, die Arbeiter in ihrem Denken, Empfinden und Handeln aus ihren bisherigen natürlichen Verbindungen mit der übrigen Gesellschaft herauszulösen, (...) so giebt es in der That kein beßres Mittel, dies zu erreichen, als eine klug dazu zurechtgemachte und ausgenutzte neue Volkslitteratur. Diese vermag beides zugleich:

den Durst der Leute nach der neuen Bildung zu stillen und den Rest der alten Bildung schnell und gründlich und für immer aus ihren Köpfen und Herzen zu reißen. Und da diese alte Bildung, wie wir wissen, völlig eingetaucht ist in den Geist des Christentums, (...) mit einem Wort, da diese christliche Weltanschauung im Grunde die überlieferte Bildung und Gesinnung selbst ist, und da man wohl sah, daß alles gewonnen war, wenn sie fiel, so schnitt man die ganze neue Volkslitteratur, die man schuf, auf den Kampf mit dieser christlichen Weltanschauung zu, wählte man aus den Resultaten der modernen Wissenschaft aus, was zu ihr im Gegensatze stand oder doch bequem in Gegensatz dazu gebracht werden konnte. Der Lehre und dem Glauben von einer göttlichen Weltordnung, die die Bildung der Leute bisher bestimmt hatte, setzte man so in dieser neuen Litteratur in hundert großen und kleinen, guten und schlechten Abhandlungen aus der Religions- wie Naturkunde, aus der Geschichte und Philosophie, aus der Kunst und Litteratur die Lehre und den Glauben einer bloß natürlichen Weltordnung entgegen. Man verarbeitete die Werke eines Darwin, eines Häckel, eines Büchner; man schlachtete Spinoza und Feuerbach, Schopenhauer und Hartmann aus; die neuen Forschungen der Astronomie und Geologie, diese objektiver als andres, wurden verwertet, Strauß und Renan, Bruno Bauer und moderne katholisch-französische Encyklopädisten wurden benutzt; und endlich fälschte man – im Zeitalter der Blüte der Geschichtsforschung! – die ganze Weltgeschichte und verkündete sie dem armen Volke ausschließlich unter dem Gesichtspunkte der materialistischen Philosophie, der ökonomischen Entwicklungen. *So entstand die jüngste Volkslitteratur, ein einziger, in seiner Art kühner und großartiger Versuch, in Verbindung mit der Verbreitung der neuen radikalen ökonomischen und politischen Lehren der Partei die ganze alte Bildung und Kultur, Christentum und Bibel aus Herz und Köpfen der Massen und aus der ganzen Welt hinauszufegen.* In ihr findet sich kein Platz mehr für den Glauben an einen lebendigen, persönlichen Gott, der unser Vater ist, und an ein unsterbliches Leben. Sie erzählt nichts von Sünde und Schuld, von Gnade, Erlösung und Heiligung; an die Stelle des ewigen, heiligen Sittengesetzes stellt sie das kalte, starre Naturgesetz, an Stelle der Liebe das Solidaritätsgefühl, an Stelle des Ideals der Sittlichkeit die Macht der bloßen

Sitte, die da wechselt mit den ökonomischen Verhältnissen des Volkes.

Und mit Gier stürzte sich nun die Schar der Bildungshungrigen da unten auf die neue Speise, die man ihnen bot. Das war ja, wie sie wähnten, das, was sie so lange gesucht und ersehnt, worum sie die »hohen Herrn« oben so lange und so bitter beneidet hatten, die Wahrheit, das Wissen, die Bildung. Diese wollten sie wenigstens haben, da sie heute noch ihr Geld, ihr Wohlsein, ihren Besitz nicht haben konnten; wenigstens geistig wollten sie ihnen ebenbürtig, nein, ihnen über sein. Und dann hatten sie ja auch die Verheißung der sozialdemokratischen Führer: daß unter dem Zeichen dieser neuen Wahrheit und Wissenschaft die Welt eine andre werden, unter ihrem Leuchten der neue, herrliche, der sozialistische Zukunftsstaat heraufziehen, und daß die Träger der neuen Wahrheit auch die Herren der neuen Zeit sein würden. So hing Gegenwart und Zukunft gerade der ringenden, vorwärtsdrängenden Arbeitergeister an diesem neuen Schatze; so kannten sie kein Halten mehr; so warfen sie um den Preis, jene zu besitzen, und diese zu erleben, freiwillig vom alten Wissen weg nicht nur das Überlebte, Überholte, den hindernden Ballast, sondern auch die edeln Güter und die wahrhaftigen Lebenskräfte, alles, alles, wie es die neuen Bücher und Lehren wohlweislich heischten; so lebten sie sich in die neuen Gedanken hinein, die diese ihnen mit demselben Anspruch unfehlbarer Richtigkeit und Autorität entgegenbrachten, wie einst die alten Lehren, die alte Bibel: *so wurde die neue sozialdemokratische Bildung im Volke geboren, die eine Halbbildung ist, wie keine zuvor.*

Sie trat sofort ihren Siegeszug unter den Hunderttausenden der deutschen Arbeiter an. (...) Und so fällt, mögen sie wollen oder nicht, Mann für Mann rettungslos der neuen Gesinnung, der neuen sozialdemokratischen Weltanschauung anheim, wirft mit dem alten Wissen den alten Glauben weg, ohne in dem neuen den Ersatz zu finden. (...) So lebt eine große Mehrzahl ihr armes leeres Leben hin, ohne Freude, ohne Hoffnung, ohne Hilfe. (...) »Es bleibt ja immer einen Tag wie den andern. Morgen früh geht es doch wieder ebenso los. Und wir müssen noch froh sein, etwas zu verdienen.« Das ist der Ton der vollendeten Hoffnungslosigkeit, der Verzweiflung an einem Wert, einem Inhalt, einem Zweck des Daseins. Einen Schritt weiter – und er kann in den Schrei der Wut, der Empörung umschlagen, die alles zerstört, weil sie nichts für lebenswert findet, die an allem verzweifelt, weil sie an sich selbst verzweifeln mußte. Dann ist die Entfesselung aller Leidenschaften, die Revolution des Volkes da. Es ist kein Zweifel: heute ist dieser letzte eine Schritt noch nicht gethan; heute denkt das Volk, wir sahen es, noch an keine Empörung und Revolution. Aber es ist abermals kein Zweifel, daß ihre Gefahr näher ist als das Volk wohl selbst wähnt. *Und sie wird in dem Augenblick da sein, wo zu der religiösen Verwahrlosung der Industriearbeitermassen, die heute im ganzen vollendet ist, die sittliche hinzutritt; wo aus jener die letzte Konsequenz für diese gezogen wird. Hier also, und nicht in der politischen und wirtschaftlichen Organisierung der Massen, liegt der verhängnisvollste Einfluß der sozialdemokratischen Agitation; und hier in der Vernichtung des überlieferten Christentums hat sie ihren bisher größten Erfolg gehabt.* (...)

Im Folgenden habe ich nunmehr die Wahrheit des bisher Ausgeführten aus meinen Erlebnissen in der Fabrik zu erhärten. Ich werde in loser Ordnung Gespräch an Gespräch, Zitat an Zitat, Bild an Bild reihen und nicht viele Worte dazu machen. Und Gespräche, Zitate und Bilder werden für sich selber reden. (...)

Etwa vierzehn Tage später hatten wir einmal nicht viel zu thun. So stand ich müßig bei einem an der Drehbank, einem stillen Manne, der mir sympathisch war. Vor einer halben Stunde erst hatte man einen meiner nähern Kollegen, jenen Handarbeiter nach Hause geschafft, von dem ich schon an einer früheren Stelle ausführlich erzählte, daß ihm eine eiserne Schiene von etwa zwanzig Pfund auf den Fuß gestürzt war. Der Dreher und ich sprachen von dem Falle. Ich sagte ihm, daß der Verletzte mir noch heute morgen freudestrahlend erzählt hätte, welches Glück er gestern gehabt hätte. Eine große, viele Zentner schwere und etwa sechs Centimeter starke Eisenplatte für eine Parketthobelmaschine, die schon einem unsrer Transporteure eine Zehe gekostet hatte, wäre beim Aufheben wieder zurückgefallen und hätte ihm bei einem Haar beide Beine zerquetscht.

Nun hat es ihn heute doch noch getroffen, wenn auch viel gelinder, fuhr ich fort. Ist das nun Zufall oder Fügung?

Das sind Dinge, hinter die man nicht sehen kann, erwiderte mein Dreher.

Für einen Christen giebts aber keinen Zufall.

Was ist Christentum? – Nichts. Was ist der liebe Gott? – Den hat noch niemand gesehen. Und Gottes Sohn? – Dann sind wir alle Gottes Kinder.

Gewiß, sagte ich, sind wir das, wenn wir Jesus nachleben, Gottes Willen thun, an ihn von ganzem Herzen glauben und täglich darum bitten. Aufs Beten kommt besonders viel an.

Aber er lächelte nur und sagte:

Dann die Bibel. Freilich steht viel Wahres drin. Aber auch viel Falsches. Sie ist auch nicht für uns gemacht, sondern für die Großen ...

Also wieder diese furchtbare Anklage! ... Dann redeten wir von den Pastoren.

Ach ja, sagte er, es giebt ja ganz gute und tüchtige Menschen unter den Geistlichen – im übrigen aber leben sie vom Christentum und befinden sich wohl dabei. Wo ist heute einer, der so handelte wie Christus? der so viele Entbehrungen und Verfolgungen ertrüge?

Und wenn nun ein Geistlicher, wie Christus, zu uns Fabrikarbeitern käme, würde er etwas ausrichten? fragte ich.

Nicht viel. Es ist zu spät. Nachdem Christus selbst die Not nicht hat aus der Welt schaffen können, vermag es das Christentum heute erst recht nicht mehr. (...)

Einmal gegen Ausgang meines Aufenthalts in der Fabrik fragte ich einen direkt, was er von Religion und Christentum hielte. Ich wußte, er war eifriger Sozialdemokrat, aber die Gutmütigkeit und Höflichkeit selbst, ein richtiger Sachse. (...) Auf meine offne Frage antwortete der Mann nun gleich offen, ehrlich und kurz: Ich rede wenig von den Sachen und streite mich nie darum. Ich lasse jedem seine Ansicht. Aber ich habe auch meine eigne, und ich denke: Wo man nichts erkennen kann, da ist auch nichts. Damit basta.

Er war liebenswürdiger als ein andrer Gesinnungsgenosse von ihm aus unserm Vorort, übrigens seines Zeichens ein Fabrikwirker, aber mit leidlichem Verdienst. Ich hatte ihn eines Abends im schon erwähnten Turnverein unsers Ortes getroffen. Der Mann war, was man ein »Turngenie« zu nennen pflegt, mit tadellosem Körperbau und gleicher Muskelbildung, ein schöner, kraftvoller Mann. Ich ging mit ihm am Schlusse der Turnstunde in eine nahe einfache, von uns gern besuchte Kneipe und trank ein Glas Bier mit ihm. Er war auch ein kluger Mensch, fanatischer Anhänger der Kaltwasserheilmethode und der Sozialdemokratie und ein Führer unter der zahlreichen Weberbevölkerung von Chemnitz, die unter wirklichen Notständen seufzte, ohne anscheinend allzuviel Rücksicht bei den Unternehmern zu finden. Er erzählte mir manches aus den Lohnkämpfen, die sie geführt, und in denen er mit in den vordersten Reihen gestanden hätte, ernst, objektiv, mit der epischen Ruhe, die so vielen Leuten im Volke eigen ist. Dann lenkte ich ihn auch auf die religiöse Frage und drängte ihn zu einem Urteil. Es war kurz, bündig und konsequent sozialdemokratisch: Die Kirche ist bloße Verdummungsanstalt und wohlberechnetes Staatsinstitut; aber man soll sie trotzdem nicht beseitigen, sondern nur umwandeln, aber durch und durch. Man soll es dahin bringen, daß sie die Naturwissenschaften dem Volke lehrt und predigt.

Alle bisher Geschilderten gehörten jener zielbewußten, begeisterten, gedankenkräftigen, edeldenkenden, wirklich wahrheitsdurstigen Gruppe meiner sozialdemokratischen Arbeitsgenossen an. Bei aller Ablehnung gegen die Religion, bei aller Geringschätzung der Kirche waren sie gemäßigt in ihrem Urteil, anständig in ihren Äußerungen und mehr oder weniger bemüht, die Stellung derer, die noch glaubten, mehr oder weniger zu würdigen, zu verstehen, zu erklären. Aber es gab eine viel größere Gruppe gleich stark geprägter Sozialdemokraten, die, roher als jene, in der That nur noch Hohn und Spott und Blasphemie für die Heiligtümer unsers Glaubens hatten. Auch bei ihnen war das Stichwort: »Natur ist Gott, Gott ist die Natur.« Aber sie variierten es gern, manchmal in der unzüchtigsten Form. So saßen solche Kumpane einmal in einer Kneipe zusammen; man kam auch auf solche Dinge zu sprechen und erklärte sie kurzer Hand für Blödsinn, und einer rief aus: »Ach was, unser Gott ist ein strammes Weib.« Ein lautes Gelächter über den Witz schnitt dann die ganze flüchtige Debatte schnell ab. Andre ähnliche schlimme Dinge, die ich bei andern Gelegenheiten hörte, mag ich nicht hierher setzen. (...)

Es war eines Vormittags; ich bohrte seit einigen Tagen krampfhaft mit der Handbohrmaschine in eine hohe starke eiserne Wand eines Rundsägegatters Löcher, die ich mir mit Kreide vorgezeichnet hatte. Da trat ein Monteur, der in der Nähe arbeitete, der älteste von allen neun Monteuren, an mich heran; ein zweiter, von dem ich noch manches erzählen werde, ein Handarbeiter kam dazu; dann noch ein dritter, den ich ebenfalls schon mehrmals erwähnt habe. Der letztere war ein konsequenter Sozialdemokrat, konsequenter und von der Partei in seinem Denken bewußter abhängig als jene zwei andern. Wir kamen mit einander in ein langes Gespräch.

Man löschte mir, während ich einmal wegsah, im Scherze die Kreidekreise weg, die ich mir auf meine Eisenwand aufgezeichnet hatte. Als ich es bemerkte, nahm ich den Scherz auf und sagte: »Zerstört mir meine Zirkel nicht!« Was meinst du damit? sagte da der eine. Ich fragte, ob sie die Geschichte von Archimedes und der Zerstörung von Syrakus kennten. Sie verneinten, und ich erzählte sie ihnen und erklärte ihnen mein obiges Zitat.

Darauf fragte einer, ob das auch um die Zeit des trojanischen Krieges herum passiert wäre. Den trojanischen Krieg kennte er genau, hätte ihn gelesen. Und er schilderte ganz richtig und gut den Verlauf der homerischen Geschichte. Ich glaube, er hatte das Reclamheft, das Homers Ilias enthält, in der Hand gehabt.

Dann sprang das Gespräch auf Ägypten über, auf die Pharaonen, von denen ebenfalls alle wußten. Wir redeten von den Pyramiden, die sie vor allem um der Menschen willen lebhaft beschäftigten, die einst mühsam, mit unsäglichen Strapazen ihre Steine aufeinander getürmt hatten.

H: Das waren die Lasttiere, die Sklaven vor 4000 Jahren; wir Fabrikarbeiter von heute sind die Sklaven und Lasttiere der Gegenwart.

Das ist zu viel behauptet, erwiderte ich und wies z. B. auf die viel bessere allgemeine Bildung hin, die heute alle besitzen.

Das bestritt H:

Die Leute waren damals nicht ungebildeter und unklüger, als sie heute im Durchschnitt sind.

Nein, früher waren sie noch viel klüger als jetzt, mischte sich halb ironisch halb ernsthaft der andre, S. mit Namen, ein. Früher konnte man sogar Wasser in Wein verwandeln. Er sagte das unsicher, und ich konnte nicht erkennen, wie er selbst darüber dachte.

Mein Monteur lachte laut auf, als er das hörte, und H. lächelte auch überlegen dazu.

So fuhr S. fort: Ja freilich, das ist Glauben, aber ....

Aber der Monteur schnitt ihm kurzer Hand das Wort ab: Ach was, unser Glaube ist, daß zehn Pfund Rindfleisch eine gute Brühe geben.

Und jener wagte keine Entgegnung mehr. Dann redeten wir weiter und kamen wieder auf wirtschaftliche Dinge, wobei ich einmal das Schlagwort »Soziale Frage« in den Mund nahm. Sofort stach das H. auf und meinte überlegen, ich wüßte doch nicht, was die soziale Frage sei.

Das kommt noch darauf an, antwortete ich. Das ist in der That auch nicht so leicht zu sagen. Darüber kann man Stunden, Tage, Wochen lang reden. Aber jedenfalls ist sie ein Ungeheuer von vielen Fragen und mit zwei Seiten, der materiellen und der geistigen Seite, genau wie der Mensch aus Körper und Geist besteht.

Aber der Monteur und H. lachten laut auf:

Geist? Geist giebts nicht. Es giebt nur ein Gehirn, ein Nervensystem, das funktioniert, wie die Maschine. Diese Funktion, das, was dabei herauskommt, nennt man heutzutage Geist. (...)

Hier mischt sich ein vierter ins Gespräch, der inzwischen mit einem Bohrer zusammen ebenfalls hinzugekommen war, ein Handarbeiter (...) Er war ebenso voll von Hoffnungslosigkeit und Mißtrauen gegen den Glauben, wie von Sehnsucht nach ihm. Er erzählte:

Gestern packten wir einen von den eisernen Särgen ein, den die Fabrik von dem kleinen noch vorhandenen Lager einmal wieder nach langer Pause verkauft hatte. Wir waren drei Mann beim Einpacken und gerieten dabei in Streit, ob es ein ewiges Leben gäbe. Die beiden andern meinten entschieden nein; auch der Meister, der hinzu kam und sich hinein mischte, sagte, daß sie recht hätten: der Mensch wäre einfach wie eine brennende Cigarre; sie verglüht, und der Rest ist Asche. Haben die nun recht oder nicht?

Ja wohl, in Buxtehude, lachte abermals der Monteur.

Aber warum lehren das dann die Geistlichen?

Damit die Menschen hübsch arm und dumm und hübsch zufrieden bleiben, belehrt ihn der, der vorhin das Jesuswunder zu Kana erwähnt hatte; und der Monteur fügte bestätigend hinzu:

Der Mensch ist ein Raubtier, ja schlimmer als das. Das Raubtier will nur satt werden, der Mensch will mehr. Gäbs nicht das bißchen Religion in der Welt, so müßten wir jeden Morgen so und so viele Leichen beiseite schaffen.

Das war die weitverbreitete Meinung in der Fabrik: *die längst überholte, innerlich unwahre, in ihrem Leben tote Kirche ist heute nichts als ein sehr erwünschtes und kräftiges Polizeiinstitut des bestehenden Staates, der es eifrig und künstlich aufrecht erhält.* (...)

Ein andermal hatte mich ein Schlosser zu einem ältern Dreher geschickt, von ihm etwas zu holen.

Die Arbeit ist noch nicht fertig, wird es morgen erst, wenn mich nicht derweile der Teufel holt – war die barsche Antwort auf meine Anfrage.

Teufel giebts nicht, meinte sein Nachbar dazwischen.

Aber Sünde, setzte ich dazu.

Unsinn; das widerspricht sich, fuhr mich der erstere an. Wenn es keinen Teufel giebt, giebts auch keine Sünde. Übrigens, glauben Sie denn auch noch an das Zeug, das einem in der Schule weis gemacht wird?

Man hat eben, das ist ein neues scharfes Charakteristikum, durchgängig nicht das geringste Bewußtsein mehr von Schuld und Sünde. (...)

Nun eine neue, interessantere Szene (...) Ich arbeitete mit einem Bohrer und demselben S. zusammen, der auch bei jenem langen Gespräche, das ich vorhin berichtete, dabei gewesen war. Ich weiß nicht mehr wie, jedenfalls aber ohne mein Zuthun, kam das Gespräch auf Gott. Der Bohrer, einer der stärksten Verdiener in der Fabrik, ein breiter, untersetzter, ruhiger Mann von 40 bis 45 Jahren, meinte, der liebe Gott müßte erst erfunden werden. (...) S. ist diesmal offner und geht mit der Sprache heraus. Er widerspricht dem Bohrer:

An ein höheres Wesen glaube ich. Ich habe auch viele Erbauungsbücher und die ganze Bibel mit meinen Eltern gelesen. Jetzt thue ich es nicht mehr; denn die Bibel paßt nicht mehr für unsre Zeit zum Lesen. Aber beten thue ich noch täglich das Vaterunser, früh und abends, und wenn ich die Arbeit antrete. Aber ich thue das nur so aus Gewohnheit, seit meiner Kindheit her, wo es die Eltern mir eingelernt haben. Ich weiß, daß es nichts nützt.

Dann sind wir auf einmal bei Luther.

Der hat viel Unheil angerichtet, sagt S., und die Geistlichkeit erst so mächtig gemacht, wie sie heute ist.

Wie ich nun Luther gegen diese Angriffe verteidige, gehen zwei andre, wieder ein etwa dreißigjähriger Monteur und ein Dreher, beide stramme Sozialdemokraten, vorüber, hören zufällig, was ich rede, und bleiben stehn. Der Monteur unterbricht mich bald:

Luther hat ja viele gute Seiten gehabt, aber auch viele schlechte. (...) Erst hetzte er die Bauern auf, nachher schnauzte er über sie. Und wie hat er den Fürsten geholfen, wie sie unterstützt, wie ihnen geschmeichelt und sich vor ihnen gedemütigt! *Und das ist auch sein Werk, daß er erst die Kirche so fest und stark gemacht hat, daß wir sie nun nie wieder los werden.*

Auch der Dreher giebt seine Meinung ab:

Ja, das muß man Luther lassen, ein gescheiter Mensch war er. Aber das fiel nur deshalb so auf, weil damals das ganze Volk so verdummt war. Jetzt wäre Luther nichts besondres mehr. Jetzt machen wirs *alle so* wie er mit der Kirche und dem religiösen Humbug. Ich wenigstens kümmere mich nicht mehr um das Zeug und gehe um jede Kirche weit herum.

Auch von Christus ist im weitern Verlaufe die Rede.

Er war der erste Sozialist und ist für seine Ansichten gestorben, ist die einstimmige Ansicht.

Aber Jesus hat sich doch ausdrücklich nicht um die privaten Verhältnisse, um das Vermögen der Leute und die Welthändel gekümmert, wagte ich einzuwenden. Er hat zunächst die Menschen nur fromm und gut machen wollen.

Nein, meinte der Monteur, das ist nicht wahr. Das hat Christus nicht bloß gewollt. Das ist erst eine Verdrehung der Geistlichkeit. Aber das mag sein; die Religion ist ja für frühere Zeiten, wo die Menschen noch nicht so weit waren, ganz gut und dienlich, ja nötig gewesen. Aber jetzt ist sie das nicht mehr. Jetzt haben wir Gesetze. (...) Die Religion ist nur für die Wilden. Mein Wahlspruch ist:

Macht euch das Leben gut und schön,

Kein Jenseits giebts, kein Wiedersehn.

Ein schöner Wahlspruch! Meiner ist es nicht.

Aber meiner. Übrigens sind die Pfaffen selbst an der ganzen Feindschaft des Volkes gegen die Kirche schuld. Denn sie haben Partei für die »großen Herren« genommen. Nur wenige machen davon eine Ausnahme. Zum Beispiel einer in unsrer Nähe, in Langenberg.

Diese Geringschätzung gegen die »Pfaffen«, die hier wieder und ganz offen zum Ausdruck kam, war so allgemein wie dieser Name, der überall im Munde der Leute, auch halbwegs wohlgesinnter, war. Ganz natürlich. Wem die Kirche nur noch als ein äußerliches, öffentliches Institut, ein politisches und wirtschaftliches Machtmittel in der Hand des Interessenstaates und der selbst ungläubigen Bourgeoisie erscheint, hat natürlich auch keine Achtung und Ehrerbietung vor ihren amtlichen Trägern und Dienern, die ihm folgerichtig nur als Heuchler gelten müssen, weil sie ihre Überzeugung opfern, um eine bequeme Versorgung und Existenz zu haben. So war es häufig, daß man die »Schwarzkittel« gar nicht etwa mehr haßte, sondern nur noch verachtete. Man sah sie auch geradezu als Tagediebe und Faulenzer an, weil man keine Schätzung mehr für geistige Arbeiten besaß, die nicht augenblickliche, sichtbare materielle Werke schaffen, und weil man auch keine Einsicht in den Umfang und die Art der Thätigkeit hatte, die einem gewissenhaften und gewandten Pfarrer obliegt. (...)

Dann hörte ich einmal fünf junge, in der Mehrzahl verheiratete Männer, die alle aus demselben etwa eine Stunde von Chemnitz gelegenen Dorfe zu uns auf Arbeit kamen, sich bei dem Frühstück ebenfalls über ihren Pastor und ebenfalls wenig schmeichelhaft unterhalten. Einer hatte ganz sachlich von den Einnahmen des Kaisers geredet, und sie hatten ausgerechnet, wie viel er an einem Tage zu verzehren hätte. Dazu fügte nun sein Nachbar hinzu:

'S ist wie bei unserm Pastor, dem Spitzbuben. Der hat 27½ Thaler die Woche und ist trotzdem nicht damit zufrieden. (...)

Ja, ergänzte ein andrer, und dazu predigt der Kerl stets genau nur 25 Minuten; aller fünf Minuten sieht er während der Predigt einmal nach der Uhr .... Dann sagt er immer, daß er keinen Unterschied zwischen reich und arm mache, und macht ihn immer, besonders bei Trauungen und Taufen ... Aber ich habs dem Schwarzkittel neulich einmal gründlich gesteckt, im Gasthof wars, und er hat mir kein Wort geantwortet, sondern ging weg.

Dann erzählte der erste wieder:

Einmal hat er gesagt, mit neun Mark könnte eine Familie in der Woche gut auskommen, und er selber hat 83 Mark! Und kommt doch nicht damit aus! Denn als er ein Kind bekam, verlangte er aus diesem Grunde 200 Mark jährlich mehr! Geht mir nur mit dem ganzen Pastorenkram.

Damit meinte er auch das Christentum, dessen Träger der Pastor ja vor allem sein soll.

Mitten in dies Gespräch hatte der vierte eine andre Episode erzählt, seine Erlebnisse bei den Kirchgängen während seiner Militärzeit, haarsträubende Dinge, die aber nur meine eignen Erfahrungen bestätigten.

Da sei während der Predigt unter der Kirchbank Skat gespielt worden, daß es eine Lust gewesen wäre. Ja einer hätte aus der Schnapsflasche Nordhäuser getrunken, indem er das Taschentuch über sie gehalten und gethan hätte, als schnaubte er sich die Nase.

Man lachte herzlich darüber und schimpfte dann wieder auf den Pastor weiter. Ich konnte nun freilich nicht kontrollieren, mit wieviel Recht. (...)

Ein andrer, schon ein alter Knabe, nur ein sehr unklarer Kopf, total abhängiger Sozialdemokrat und sehr unbeholfen, schimpfte einmal:

Die Pastoren sind wie die Advokaten; sie fressen alles auf, wo sie es herkriegen können. Aber jetzt sind die Leute nicht mehr so dumm wie früher und geben alles her.

Der Mann dachte wohl ebenfalls an das gute, bequeme, arbeitslose Leben, das nach ihrem Eindruck ein Pfarrer führt, und an die Geschenke, die früher vor allem die Landleute ihm zu machen pflegten, dann aber, wie ich aus Andeutungen merkte, ebenso sehr auch an die Stolgebühren, die dem Pfarrer ehemals auch in Sachsen als ein Hauptteil seines Einkommens direkt zuflossen, die aber hier glücklicherweise fast seit zwei Jahrzehnten abgelöst sind. Trotzdem ist das ganze Urteil dieses Mannes ein Zeichen dafür, wie tief das Bewußtsein von der sozialen Ungehörigkeit dieser Einrichtung noch in den ältern Bestandteilen dieses Volkes lebt. Ja, dies geht heute noch weiter: es empfindet überhaupt die Verschiedenheit der Taxen für kirchliche Gebühren und dementsprechend der kirchlichen Leistungen durch den Pfarrer als eine soziale Ungerechtigkeit. So klagte einmal einer, ein noch jung Verheirateter, dessen politische und religiöse Gesinnung ich sonst nicht näher kennen lernen konnte, direkt, daß die Geistlichen den Reichen, die es bezahlen könnten, viel schönere Taufen, Trauungen, vor allem aber Begräbnisfeierlichkeiten hielten, als den unvermögenden Arbeitern. (...)

Der echte Sozialdemokrat, das heißt, der es wirklich war oder doch als solcher gelten wollte, ging selbstverständlich niemals in eine Kirche; aber formell aus ihr ausgetreten waren doch auch wieder nur wenige. Jener Monteur, der über Luther so absprechend geurteilt hatte, war wohl der einzige, wenn ich mich recht entsinne. Er machte sich mir gegenüber wenigstens über die Schwächlichkeit und die Kraftlosigkeit der Kirchgemeinden lustig. Die wären so ohne Leben, daß der Pfaffe dem, der öffentlich austräte, noch wegen seiner Überzeugungstreue ein Kompliment machte. Die andern, die drin blieben, hätten überhaupt gar keine Überzeugung mehr und wären die Gleichgiltigkeit selbst. Hatte er da wirklich so unrecht? Zeugt nicht das wieder für das, was uns fehlt, was wir haben müssen: lebendige kraftvolle christliche Gemeinden?

Aber auch von jenen armen Zweiflern, Abhängigen, Halben, die noch haltlos und hilflos, zweifelnd und seufzend, willenlos zwischen den beiden Weltanschauungen hin und her geworfen wurden, bei denen also noch am meisten Sehnsucht nach religiöser Aufklärung und Befriedigung vorhanden war, gingen nur wenige und ganz selten einmal in die Kirche, dagegen um so öfter auf den Kirchhof, an ihre Gräber, um hier zu trauern und zu zagen. (...) Das ganze heutige sonntägliche soziale Leben der Bewohner einer Fabrikarbeitervorstadt ist eben gar nicht mehr darauf zugeschnitten, auch wenn man, wie in Sachsen schon lange fast durchgängig, wirkliche Ruhe von der Arbeit, sogenannte Sonntagsruhe hatte. Das trat aus eines andern Äußerung besonders deutlich hervor.

Er war ebenfalls vom Lande, oder besser aus dem »Gebärg«, in eine der Vorstädte und unsre Fabrik hereingekommen. Er war ebenfalls einer der wenigen, die über ihren Pastor nicht direkt schnauzten, wenn er ihn auch nicht gerade als einen besondern Liebling verehrte. Er sagte in aller Ruhe:

Früher, in unserm Dorfe, gingen wir immer in die Kirche. Da war es eine Schande, wer es nicht that. Aber seit ich hierher gezogen bin, komme ich fast nie mehr hinein. *Hier ist es nicht Mode, und da spielen wir sonntags vormittags lieber einen tüchtigen Skat.*

Würde das – es ist das ein Bild aus einer Gesamterscheinung – möglich sein, wenn das kirchliche Leben auf dem Lande wirklich rege, die Predigt wirklich modern und kraftvoll wäre? Dann müßte die Sehnsucht nach der Kirche und nach Gottes Wort solche Herzen auch in ihren neuen weniger günstigen Wohnorten unwiderstehlich in die Kirche ziehen. Aber über die Kirche ist man eben längst hinaus, auch die, die noch Bruchstücke von ihren Lehren sich bewahrt haben, weil man in ihr meist nur die gleichartige Schwester der Schule, aber nicht das Heiligtum gefunden hat, aus dem der Mensch, auch der Fabrikarbeiter, immer wieder seinen Frieden, sein Glück, seine Kraft für das harte Leben der Woche holt.

So äußerte sich ein Dreher, ein heitrer, freilich etwas kalter, aber sonst selbständig und verständig urteilender Mann:

Ich gehe fast nie mehr in die Kirche, das haben wir ja alles schon in der Schule genug gehabt. Aber sie muß sein; sonst wäre der Teufel vollends los. Das gefällt mir auch an der Sozialdemokratie nicht, daß sie gegen die Kirche so räsonniert. Auch meinem Schwiegervater nicht. Die meisten Pfaffen sagen es doch den Großen ebensogut wie uns. Er kann es doch nicht ändern, wenn niemand auf ihn hört.

Ein Stückchen Wahrheit liegt auch darin. Ebenso ein andrer, ein echter Sohn des Dorfes:

Ich glaube nur an ein höheres Wesen und eine Fügung. Ich bete auch immer noch, wie ich es als Kind gelernt habe, und könnte abends, ohne das Vaterunser gebetet zu haben, gar nicht einschlafen, wenn ich auch weiß, daß es nichts hilft. Sonst glaube ich nichts mehr, an ein ewiges Leben nun gar nicht; und Christus war ebenso einer wie die »Sozialschen«. *Aber zum Pastor gehe ich schon lange nicht mehr in die Kirche. Denn was der mir sagt, weiß ich längst aus der Schule und Konfirmation.*

Diese zwei zuletzt erwähnten gehören nun wieder einer besonders gefärbten Gruppe an. Nicht allzu zahlreich, sind sie mit die gesundesten und thatkräftigsten Naturen von allen. Auch sie, die sich fast alle aus ländlichen Kreisen rekrutieren, sind ebensowenig wie alle andern von jener Krisis verschont geblieben, die alle in ihre Strudel reißt. Aber da sie weder die alte noch die neue Bildung, weder der alte noch der neue Glaube zu befriedigen vermochte, sie aber doch etwas derartiges haben mußten, so haben sie sich ihre eigne Bildung, ihr eignes bißchen Philosophie zurecht gemacht, die nun freilich oft wunderlichster Art ist, ein Gemisch von Altem und Neuem, mit viel persönlich bestimmter Kritik und Beweisführung durchsetzt, aber auch noch mit manchen Resten aus der Vergangenheit ausgestattet. Natürlich standen und stehen auch sie unter dem Einfluß der sozialdemokratischen Genossen, vor denen ihre Überzeugungen und Gründe meist nicht Stich genug zu halten pflegen. Darum bekennen sie auch nicht gleich Farbe, verhalten sich durchschnittlich zurückhaltend und stoßen ab und an mit der Sozialdemokratie in ein Horn, um sich nicht deren Spott und Hohn auszusetzen, gegenüber dem auch sie waffen- und wehrlos sind. Darum gehen sie auch gewöhnlich nur vor demjenigen aus sich heraus, zu dem sie als einem gleich oder doch ähnlich gesinnten Vertrauen gefaßt haben. Und auch dann sprechen sie sich am liebsten nur unter vier Augen aus. Aber auch ihnen fehlt jedes Leben und alle Wärme des Glaubens, das Bewußtsein davon, daß das Christentum eine Kraft, ein innerer Frieden, eine wahrhaftige unirdische und überirdische Seligkeit ist. Auch ihnen ist, was sie davon noch gerettet haben, ein Stück bloßer Verstandesbildung, nur ein Stück Wissen und alter Sitte. (...)

Aber nun genug dieser trüben Bilder, die ich wohl leicht noch durch manche andre vermehren könnte. Doch ich glaube, mein Beweis ist auch durch diese schon schlagend geführt. *Und es ist in der That kein Ausweg übrig, wir müssen nach alledem anerkennen, daß der materialistisch-sozialdemokratische Einfluß nirgends so gründlich mit den überkommenen Anschauungen und Empfindungen der Arbeiter aufgeräumt hat, als auf dem religiösen Gebiete.* Die alten Gebilde und Denkformen, in die der Glaube des Christentums bisher gefaßt und geprägt war, sind in der Masse der großindustriellen Fabrikarbeiter für immer zerstört. Und mit den Gefäßen ist für viele von ihnen heute auch der Geist zerbrochen, der sie erfüllte, und der allein das Wesentliche, das Wertvolle, die Wahrheit ist. Nun wächst eine Welt ohne Gott da unten herauf, zieht ihre immer größern Kreise, zwingt die noch Ringenden, Zagenden, Schwankenden, die im Grunde nichts wissen wollen von den öden Glaubenslehren der materialistischen Weltanschauung, immer von neuem in ihren eisigen Bann. Von der eignen Kirche ohne Hilfe, ohne Aufklärung, ohne Führung und Stärkung gelassen und von der Atmosphäre sozialistischer Ideen unentrinnbar umgeben, sterben sie alle einen langsamen, oft qualvollen geistigen Tod.

Ein einziges nur ist allen geblieben: die Achtung und Ehrfurcht vor Jesus Christus. Auch der ausgesprochenste Sozialdemokrat und Glaubenshasser hat sie, ja gerade er mehr als mancher sozialdemokratisch Nichtverpfändete. Wohl macht man sich ein ganz andres Bild von diesem Jesus von Nazareth als bisher; es fehlt ihm in ihren Augen der Glorienschein, den die Kirche ihm um die hohe Stirne gewoben hat; man lächelt über seine von den Theologen ihm »zugemutete« Göttlichkeit; für sie ist er meist nur noch der große soziale Reformator, der mit religiösen Mitteln, aber vergeblich das goldne Weltalter heraufführen wollte, das auch sie erstreben und, glücklicher als jener, schaffen werden. Aber sie alle halten doch sinnend still vor seiner großen Persönlichkeit.

Siebentes Kapitel

Sittliche Zustände

Die sittlichen Zustände unter meinen Arbeitsgenossen waren noch viel deutlicher als ihre sozialen, politischen und religiösen Gesinnungen das gemeinsame Produkt der alten christlichen Sittlichkeit, neuer, durch diese noch nicht geadelter Lebensordnungen, sozialdemokratischer Lehren und menschlicher Leidenschaften, die nur halbgebändigt natürlich auch in diesen Menschen gären und glühen.

Über den ersten der vier Punkte bedarf es kaum noch eines Wortes näherer Ausführung. Das Sittengesetz des Christentums, das in der geschichtlichen Person Jesu von Nazareth als erfülltes Ideal uns von Gott offenbart ist, seitdem das starke Rückgrat aller christlichen Jugenderziehung, sitzt noch als das beste Stück ihres sittlichen Charakters und ihnen selbst oft unbewußt auch in den Herzen der mir nahegekommenen Arbeiter fest. Es gilt auch ihnen noch als Maßstab und Wertmesser für alle Handlungen und Gedanken, als die unsichtbare letzte Instanz, die Macht des Gewissens, die zwar oft beiseite geschoben, umgangen und zum Schweigen gebracht wird, die aber trotzdem auch in ihren Augen eine unantastbare Autorität und selbstverständliche und natürliche Ordnung ist. (...) (Die christlich-sittlichen Begriffe sitzen) irgendwieweit noch im Herzen, wenn bereits die letzte religiöse Empfindung verflogen ist; aber sie verlieren dann freilich mit dieser ihren stärksten Halt, den immer erneuten Beweis ihrer Notwendigkeit und Wahrheit, ihren mächtigsten Impuls, ihren unmittelbarsten Schwung. Sie erstarren dann oft zu einer nur äußern Schale, hinter der nur wenig und verborgen noch Feuer des sittlichen Lebens glimmt. Aber sie sind doch, auch erstarrt, noch da; sie sind, gewollt oder widerwillig, stärker oder schwächer doch noch maßgebend für die ganze Haltung auch der Fabrikarbeiter und für die sittlichen Zustände, die unter ihnen herrschen, noch der Boden, aus denen diese herauswachsen.

Freilich wie überall nicht ungehindert, in Reinheit und Lauterkeit. Gerade die neuen, ungeordneten, nur durch das Interesse des Stärkern bestimmten sozialen Beziehungen, in die dieser neue Stand der großindustriellen Fabrikarbeiter hineingestellt ist, üben hier einen besonders verhängnisvollen, wenn auch nicht, wie die »Wissenschaft« der Sozialdemokratie behauptet, den alleinigen Einfluß aus. Man denke nur einen Moment an die Einkommens- und Wohnungsverhältnisse, wie sie im zweiten Kapitel angedeutet sind: sie machen es in den meisten Fällen den Durchschnittsmenschen auch beim besten Willen unmöglich, das alte schöne sogenannte christliche Familienideal zu verwirklichen, von dem man auf den Kanzeln so gern predigt. Man denke weiter an die elf- bis zwölfstündige Arbeit in der tosenden, schwülen Fabrik; wie schwer läßt sich darauf der evangelische Gedanke vom Berufe, den wir so oft verkündigen, anwenden! Wie soll sie dem Menschen innere Befriedigung und Freude gewähren und das Mittel werden, durch das sich seine Persönlichkeit zu entfalten und als ein geschlossenes, harmonisches, zweckbewußtes, lebens- und strebensvolles Ganze auszugestalten vermag? (...) Aber es ist nicht nötig, an dieser Stelle weitere Beispiele zum Beweise anzuführen. All das ist schon oft und objektiv genug von andern aufgezählt worden. Hier gilt es nur nochmals zu betonen, daß sie alle zu einem bedeutenden Teile die Folgen der anarchischen wirtschaftlichen Zustände sind, die der großindustrielle Fabrikbetrieb in seiner Verachtung sittlicher Rücksichten und Werte unter den Arbeitern gezeitigt hat.

Und diese Folgen mußten für den sittlichen Charakter der Leute um so verhängnisvoller sein, als in dem Maße, wie sie sich zeigten, zugleich auch die religiösen Fähigkeiten unter ihnen schwanden, die seine beste Stütze sind, und dafür die Lehrsätze der Sozialdemokratie in Wirksamkeit traten, die seinen Verfall beschleunigen.

Wir wissen, daß die Sozialdemokratie eine neue widerchristliche Weltanschauung hat. Sie hat dementsprechend auch eine andre, widerchristliche, wenn überhaupt eine Sittlichkeit. Nach ihr ist, wie schon oben angedeutet wurde, der Begriff der Sittlichkeit nur ein andrer Ausdruck für denjenigen der herrschenden Sitte. Diese aber wird wieder ausschließlich geschaffen durch die jeweiligen wirtschaftlichen Zustände, innerhalb deren sich eine Volksschicht befindet. Jede Schicht hat ihre eigne Sittlichkeit, die mit dem wirtschaftlichen Niveau wechselt. Es giebt also keine ewig giltigen, in den Menschen von oben eingepflanzten Sittengesetze. Man kennt darum auch keine Sittlichkeit um Gottes und des innern Gewissens, sondern nur um dieser materiellen Zustände, also um des irdischen Vorteils willen. (...) So soll das Nützliche, nicht das Gute nach der Lehre der Sozialdemokratie das treibende Motiv aller sittlichen Handlungen sein. Der Egoismus ist, ganz parallel zu dem Geiste der Wirtschaftslehre des Manchestertums, auch von der Sozialdemokratie, nur in andrer Gestalt und andrer Begründung, als der Gott proklamiert, der alles regiert. Daß diese Grundsätze auf den durch ein mangelhaftes religiöses Bewußtsein und durch die soziale Unordnung an sich schon geschwächten sittlichen Charakter der Arbeiter neue schlimme Wirkungen üben müssen, ist selbstverständlich. Diese Wirkungen werden auch nicht verringert durch die Thatsache, daß diese philosophisch-ethischen Lehrsätze der »wissenschaftlichen« Sozialdemokratie nur von wenigen Arbeitern klar erkannt sind. Wenn sie sie auch nicht als Lehrsätze deutlich verstehen, umweht sie doch ihr Geist als die neue Atmosphäre, die sie seit den Erfolgen der sozialdemokratischen Agitation umgiebt, und der sie nicht entgehn können, wie sie der natürlichen Luft nicht entgehn können, die sie atmen müssen. Und eben in dieser Agitation selbst ist ihnen das beste Beispiel der Verwertung dieses neuen Geistes gegeben. Es ist der Geist der absoluten Gewissenslosigkeit, der ihr entströmt, und dem alle Mittel und Wege genehm sind, wenn sie der Parteisache nicht schädlich werden können; es ist der Geist der ungebändigten Leidenschaftlichkeit, der auch bei andern diese selben elementaren Leidenschaften des Hasses, der Verbitterung, der Verleumdung, der Vergewaltigung weckt, wenn nur ein Vorteil für die Partei erreicht wird: es ist direkt auch der Geist der bewußten, überlegten Fälschung, der mit klarem Blick und kaltem Blute herrschende Mißstände, also Ausnahmezustände, aus parteiagitatorischem Interesse als ideale Ansätze neuer sozialer Bildungen erklärt, sie theoretisch vervollständigt und ausbaut und wieder als neue treibende Prinzipien mit verstärkter Wirkung in das öffentliche Leben hineinwirft, und es so erreicht, daß jene Übelstände immer größer, daß die Ausnahmezustände chronisch, und dadurch die christlich-sittliche Gesinnung der beteiligten Arbeitermassen immer schwächer und widerstandsunkräftiger wird. Ich erinnere hier nur an ihre Lehre von der Ehe und ihr Schlagwort gegen das Sparen.

Freilich, auch eine Reihe idealer Kräfte weckt diese Agitation in der Seele des Volkes: die Begeisterung für ein neues, weites Bildungsziel, das Streben nach der Erhebung aus einer ewig stagnierenden wirtschaftlichen Lage, den Glauben an eine hohe, wirtschaftliche und politische Mission des vierten Standes und das allerdings überspannte Bewußtsein von dem Berufe einer internationalen Verbrüderung aller Völker über die Grenzen des eignen Landes hinaus. Aber auch diese idealen Kräfte verlieren durch den Charakter, mit dem sie zur Geltung gebracht werden, zum großen Teil den guten erziehlichen Einfluß, den sie in der That haben könnten, weil auch sie in den Dienst jener Nützlichkeitsmoral gestellt und von jener Agitation mißbraucht und entwürdigt werden, die nichts kennt, als das Interesse der Klasse und der Partei.

Und nun füge man zu dem allen noch die tausend verschiedenen Charaktere, die von Natur auch in der Arbeiterschaft, ja hier ursprünglicher als in andern Bevölkerungsschichten, weil hier weniger durch gesellschaftliche Schranken gehemmt, ausgeprägt sind, die Dutzende guter und schlechter Eigenschaften, die ihren Trägern angeboren sind, die mancherlei Neigungen und Hoffnungen, die dem einzelnen sein Lebensgang geweckt hat, die Leidenschaften, die auch in ihm gären und aus seinem Herzen oft mit rücksichtsloser Gewalt hervorbrechen, kurz, man nehme die Menschen, wie sie von Natur sind, mit ihren Sünden und Sorgen, ihren Wünschen und Vorsätzen, alle verschieden, jeder ein Unikum, und mische das alles mit den Wirkungen jenes höhern christlichen Sittengesetzes, das in ihrer Jugend in ihre Seelen gesenkt ward, jener oft erbärmlichen sozialen Zustände, unter deren Druck sie seufzen, jener wundersamen sozialdemokratischen Lehren, die wie die Luft sie umgeben, so wird das Produkt von dem allen ein ungefähres Bild der sittlichen Zustände geben, die in Wahrheit in der von mir beobachteten Arbeiterschaft herrschen. Sie sind wie überall ein Durcheinander von Gutem und Schlechtem, eine tragische Vereinigung von fremder und eigner Schuld. (...)

Eine Bemerkung, die sich an das eben Erörterte von selbst anschließt. (...) Man soll nicht meinen, daß unter den Arbeitern die enragiertesten Sozialdemokraten die sittlich anrüchigsten, die am wenigsten mit der Sozialdemokratie verknüpften die lautersten Naturen sind. Es ist ebenso oft das Gegenteil von beidem der Fall. (...) Ich erinnere des zum Beweise an jene vierzig freilich besser gestellten Chemnitzer Arbeiter, deren ich schon einmal Erwähnung that, von denen mir ein Weinreisender erzählte, daß jeder von ihnen ihm jährlich ein Fäßchen Wein abnähme und prompt bezahlte, ja, was sonst niemand thäte, ihm das Geld dafür noch ins Hotel brächte. Sie alle hielt er für die ordentlichsten Menschen der Welt, für sparsame, strebsame Leute, gute Familienväter, tüchtige, ruhige Arbeiter, aber auch zielbewußte Sozialdemokraten. Vielleicht ist diese Schilderung etwas übertrieben; aber in ihren Grundzügen ist sie wahr; dafür kann ich selbst, wie gesagt, aus dem mir bekannt gewordenen Kreise ähnliche Menschen als Belege beibringen. Sie wachten mit peinlicher Gewissenhaftigkeit über ihren guten Ruf und setzten ihre Ehre darein, sittlich unanfechtbare Persönlichkeiten und gute Staatsbürger zu sein, und waren dennoch Sozialdemokraten, die auch das überlieferte Christentum von sich abgeschüttelt hatten. Anderseits gab es eine große Anzahl von Arbeitsgenossen, die – ich verweise hier auf den betreffenden Abschnitt meines fünften Kapitels – sich nur wenig oder gar nicht mit Sozialdemokratie abgaben und nicht das geringste taugten, die ärgsten Schreier und zweifelhaftesten Persönlichkeiten waren, ihre Familien, wenn sie welche hatten, arg vernachlässigten, ihre Arbeitsstellen immer nach kurzen Zwischenräumen wechselten, und so weiter. Und wieder zwischen diesen zwei Gruppen die wenigen, die sich tüchtige Menschen zu sein bestrebten und sich zugleich vor allen sozialdemokratischen Einflüssen ängstlich zu hüten suchten, und die vielen Sozialdemokraten, die auf dem sittlich nicht hohen Durchschnittsniveau der breiten Masse standen – alle zusammen ein Beweis für die Richtigkeit meiner Warnung, die heutigen sittlichen Mängel an unsrer Arbeiterschaft ausschließlich der Wirkung sozialdemokratischer Degenerierung zuzuschieben. (...)

Auch über den Alkoholgenuß möchte ich einiges sagen. Am meisten und widerlichsten ist er mir in den Herbergen entgegengetreten. (...) Unter der seßhaften Fabrikbevölkerung herrschten bei weitem nicht so krasse Zustände. Es gab zwar auch in unsrer Fabrik einige ständige und periodische Säufer mit roten Nasen. Aber sie waren gegenüber der großen Menge eine verschwindend kleine Zahl und waren deutlich in vieler Arbeitsgenossen Augen mit einem Makel behaftet. Als einer einmal während der Arbeit in einem Anfalle von Delirium hinstürzte und hinausgebracht wurde, habe ich auch nicht ein Wort des Bedauerns und Mitleids, dagegen manches harte des Gegenteils vernommen. Hier hat das wohl schon jahrzehntealte, in den meisten Fabriken freilich sicher nur um der Arbeitsleistung und des Betriebes willen gegebene Schnapsverbot wirklich gute Dienste geleistet; in unsrer Fabrik wurde infolgedes in der That mit jenen wenigen Ausnahmen fast nie mehr Schnaps, dagegen, wie schon gesagt, viel unschädliches, doch gehaltvolles und den Durst löschendes einfaches Bier getrunken. Auch außerhalb der Fabrik trank man nicht täglich, wie das in den Mittelständen in Form der öden Stammtischkneipereien ausgebreitetste Sitte ist, Bier. Der Durchschnittsarbeiter von Chemnitz ging, außer am Lohntage und an den Sitzungen seines Wahlvereins, des Wochentagsabends selten aus. Er machte, wenn es schön war, seinen Abendspaziergang in die nahen Felder hinaus, aber ohne ihn in einer Kneipe zu beenden; denn dazu fehlte den meisten schon einfach das nötige Geld. Aber wenn dann einmal etwas los war, eben wie der Jahrmarkt oder ein Sonntagsvergnügen, wurde wacker gezecht. Ein jeder trank mit, und alle konnten erstaunlich viel vertragen. Und fast immer mußte ein Glas Schnaps dabei sein. Aber Schnaps allein trank man bei solchen Gelegenheiten doch nur noch selten. Sehr viele kannten dann keine Grenzen, nach echter Kinder- und Volksart, die weder in Leid noch Lust sich zu beherrschen vermag. Viele hörten darum nicht eher auf, als bis sie betrunken waren. Ja für manche war das der eigentliche Hochgenuß und von vornherein die letzte Absicht. Und selten sah man das als eine Schande, geschweige Sünde an. Ich sprach hierüber öfter mit den Leuten und fand fast immer dasselbe gleichlautende Urteil: einmal sich besaufen ist keine Schande; das thun die Großen auch, die nur heimlich, wir offen. In einem solchen Gespräch kam ich, wohl das einzige mal, beinahe in einen wirklichen Streit mit zwei sonst guten, gediegneren Leuten. Sie wurden ernstlich böse darüber, daß ich auf der gegenteiligen Ansicht stehen blieb. Ein zusammenfassendes Urteil kann man wohl so formulieren: unter der erwachsenen Wanderbevölkerung ist der Schnapsgenuß geradezu eine Pest; die seßhaften Arbeiter am Orte aber, soweit ich sie kennen lernte, trinken viel mehr Bier als Schnaps, trinken viel Bier, aber sind selten eigentliche Säufer.

Nun ein Wort über die Tanzböden. Ich habe fast jeden Sonntag einen oder mehrere, im ganzen acht bis zehn besucht. Es giebt feinere und gewöhnliche. Der schlimmste, den ich kennen lernte, war die »Kaiserkrone« in Chemnitz, vom Volke sehr bezeichnend der »blutige Knochen« genannt. Denn hier gehörte Keilerei und Tanzvergnügen wie in jenem Gassenhauer wirklich zusammen. Hier verkehrte das ärgste Gesindel, Huren und Fabrikdirnen niedrigster Sorte und ihre Zuhälter mit jungen Fabrikarbeitern und vielen Soldaten der Chemnitzer Garnison. Ich mache hierauf nachdrücklich aufmerksam, und mache es den Militärbehörden hiermit zur ernsten Pflicht, darauf zu achten, daß künftig nicht bloß sozialdemokratisch-anrüchige, sondern vor allem auch solche sittlich verwahrlosende Lokale den Soldaten verboten werden. Ein Mensch in anständiger Kleidung, allein, bleibt hier selten ganz unbehelligt. Ich war mit einem Arbeitskollegen etwa eine knappe Stunde dort. Und wie viele Male sind wir in dieser kurzen Zeit trotz unsers unauffälligen Sonntagsgewandes namentlich von den Weibern mit ihren frechen Gesichtern in der unflätigsten Weise und mit allen ihren Körperteilen angerempelt worden! Da muß man denn schließlich entweder so wie sie selbst mittollen und mitgemein sein, oder man bekommt Händel und darauf Schläge. (...)

Das Gegenteil von diesem Saale war das »Kolosseum« in Kappel. Es war der vornehmste von allen, die ich gesehen habe, durch die Ausstattung und den Umfang des Saales, die Musik, die da aufspielte, das Publikum, das ihn besuchte. Hier fanden sich nicht nur die gutgelohnten jungen Schlosser und Dreher unsrer Fabrik, sondern viele junge Kaufleute und auch – wie man mir versicherte – Referendare und Offiziere in Zivil zusammen. Und vom weiblichen Geschlecht traf man allerhand Ladenmädchen und Verkäuferinnen, aber auch »feinere« Huren, dagegen wenig Dienst- und Fabrikmädchen. Es ging wirklich beinahe wie auf einem Balle zu. Die Damen in modernster, oft kostbarer, fast immer geschmackvoller Toilette, und viele schöne Menschenkinder unter ihnen; die Herren meist in ebenso eleganten Anzügen, wenn auch nicht in Schwarz und Frack; alle zusammen in ihren Haltungen, Bewegungen und Verbeugungen gewandt und voll jugendlicher Elastizität. Die Fabrikarbeiter unterschieden sich kaum von den andern, nur durch den Mangel eines Klemmers auf der Nase und durch ihre größern, härtern, rauhern Hände. Denn niemand trug Handschuhe, was manche der Damen veranlaßte, ihren Herren beim Tanz mit stummer, aber verständnisvoller Gebärde ihr Taschentuch zu bieten, damit die schwitzende Hand des Tänzers, die die Taille umfaßt, das Kleid nicht beschmutzte.

Die übrigen Säle, die ich sonst sah, standen nach dem äußern Eindruck, den sie machten, etwa in der Mitte zwischen beiden. Meist waren es Vorortssäle mit halb städtischem und halb ländlichem Charakter und ebensolchem halb städtischen halb ländlichen Publikum. Hier mischten sich unter die modischen Toiletten der zur Stadt hereinkommenden Fabrikarbeiter und Arbeiterinnen noch die unschönen Kostüme unsrer Dorfbewohner; hier waren die Mädchen mitunter noch im Kopftuch und mit vorgebundener schöner bunter Schürze. Auch die Musik war primitiver, der Eintrittspreis niedriger, nur 25 Pfennige etwa, während er in dem Kappeler Saale, wenn ich mich recht entsinne, 50 Pfennige betrug. Natürlich kostete hier wie dort noch jeder Tanz, den man tanzte, seine Extrasteuer, immer 10 Pfennige. So gab einer leicht am Abend 3 bis 4 Mark nur für das bloße Tanzvergnügen aus. Auch der Ton, der auf diesen Sälen herrschte, war freier als auf jenem. Man sang laut Lieder zu den Weisen, die die Musikanten aufspielten, man juchzte und rief laut über die Köpfe und den Saal hinweg. Manchmal war ein dichtes Gedränge und eine unausstehliche Hitze, daß der Schweiß nur so von der Stirne rann, und Glas auf Glas getrunken wurde. Aber dann wars am schönsten und die Freude am größten.

In den bessern Sälen ging es auch in diesem, aber auch nur in diesem Sinne anständiger zu. Da scherzte und lachte und tollte man sich denn an den einzelnen Tischen, im kleinern Kreise der Bekannten, in den Ecken und Nischen des Saales und auf den Galerien umso mehr aus. Da koste und umschlang und drückte man sich. Und hier wie dort, lachende, glühende, oft schöne Gesichter, leuchtende, lebenssprühende Augen, kräftige Gestalten, volle, frische Formen.

Hier wie dort ungebändigte Lust, steigende Erregung, sinnlicher Taumel, der seinen Abschluß und seinen Höhepunkt erreicht, wenn Schlag 12 Uhr die Musik verstummt, der Saal geräumt, die Lichter verlöscht werden. Dann zieht Paar nach Paar einsam von dannen, zu einem Nachtspaziergang ins freie Feld, wo nur die Sterne die Sünde sehn, die man hier begeht, oder bis in Liebchens Hausflur oder gar in Liebchens Wohnung und Bett. Denn das ist nach allen meinen Beobachtungen wenn auch nicht die durchgängige Regel, so doch in den weitaus überwiegenden Fällen der Abschluß jedes sonntäglichen Tanzvergnügens. Auf den Tanzböden, in den Nächten vom Sonntag zum Montag verliert heutzutage unsre Arbeiterjugend nicht nur ihren meist sauer verdienten Lohn, sondern auch ihre beste Kraft, ihre Ideale, ihre Tugend und ihre Keuschheit. Es ist ja auch kein Wunder; es wäre ein Wunder, wenn es anders wäre. Man überlege nur einmal. Während der Woche, Tag um Tag in regelmäßiger Einförmigkeit in der häßlichen Fabrik, bei oft langweiliger Arbeit, in Schmutz und Schweiß; des Mittags ohne behagliche Ruhe; die Abende der Werktage auf der Straße vor der Thür oder im Hofe des Arbeiterhauses oder in der kleinen engen, oft dürftigen Stube des Logiswirts mit Kindergeschrei und Küchendunst; die Nächte in armseligen Schlafstätten; dabei ein leidlicher Verdienst, ohne Kontrolle, ohne Aufsicht, ohne elterliche Fürsorge und Liebe, kurz ohne den segensvollen Einfluß eines starken Familienverbandes, Jugendkraft in den Gliedern, Jugendlust in Kopf und Herzen – und nun kommt der Sonntag mit seinem Ausschlafen, seinem Ausruhn, seiner Freiheit, die ihnen niemand kürzt, deren rechten Gebrauch sie keiner lehrt: da locken die Töne der Musik; da lachen junge frische Mädchengesichter; da strahlt lichter Glanz; da wölben sich die hohen weiten Hallen des schön gemalten Saales; ja hier ist Ersatz für das häßliche Einerlei der Woche, an einem Abend, in einer Nacht hundertfacher Ersatz für die hundert häßlichen Eindrücke der ganzen Woche! Ist es da wirklich noch verwunderlich, wenn sich die Ungebundenen da hineinstürzen in den herrlichen, entzückenden Strudel, ihre Seelen an ihm berauschen, ihr Bestes in ihm verlieren? Ich klage nicht an, ich entschuldige auch nicht, ich schildre nur, wie es in Wahrheit ist, und erkläre, wie es mit Notwendigkeit so kommen muß.

Ich behaupte, daß infolgedes kaum ein junger Mann oder ein junges Mädchen aus der Chemnitzer Arbeiterbevölkerung, das über 17 Jahre alt ist, noch keusch und jungfräulich ist. Der geschlechtliche Umgang, auf den Tanzböden vor allem groß gezogen, ist unter dieser Jugend heute im weitesten Umfange verbreitet. Es gilt einfach als das Natürliche und ganz Selbstverständliche; von dem Bewußtsein, daß man damit eine Sünde begeht, ist selten eine Spur vorhanden. Das sechste Gebot existiert in diesem Sinne da unten nicht. Zwar mit Huren, die sich bezahlen lassen, giebt man sich fast nie ab. Das gilt als Schande, und diese selbst werden verachtet. Aber fast jeder hat seine Liebste und jede ihren Liebsten, die sich mit wenigen Ausnahmen diesen ganz selbstverständlichen Dienst thun. Daneben sucht der junge Mann, wo immer es gerade einmal geht, auch andre Mädchen zu benutzen, die sich ihm dazu hergeben, was wiederum nicht schwer und selten ist. Gleichwohl hat auch die schon einen kleinen Makel in vieler Augen an sich, die sich gleich bei der ersten Bekanntschaft gebrauchen läßt. Mit dieser »geht man« dauernd wenigstens nicht. Wird eine dann schwanger, so heiratet man sich in der Regel auch, ganz gleich, ob man schon lange oder nur erst wenige Wochen beisammen ist, ob man sich kennt oder nicht, ob man etwas taugt oder nicht, zusammenpaßt oder nicht. So treiben der Zufall, der Geschlechtsgenuß und seine etwaigen Folgen, selten echte Liebe, inneres Bedürfnis und vernünftige Überlegung die jungen Leute in die Ehe zusammen.

Und daraus vor allem erklärt sich mit der Jammer der Arbeiterehen, die Klagen aller, auch der Sozialdemokraten, die es mit den Leuten wirklich gut meinen, darüber, die Sehnsucht nach einer Erhebung, einer Emanzipation des Weibes und das neue sozialdemokratische Ideal von der Ehe. Ich verweise hier auf die Bemerkungen am Schlusse des zweiten Kapitels. Die Frau ist in der That in vieler Männer Augen nichts als das Mittel zur Befriedigung des Geschlechtstriebes, ein Hindernis für das Fortkommen, höchstens, wenn es gut geht, der tüchtige Haushaltungsvorstand, der energisch auch den Mann im Zaume hat. Die Ehe ist nach der Äußerung mehrerer meiner Arbeitskollegen die »letzte und größte Dummheit, die einer machen kann.« In manchen Familien ist es ja besser, und zwischen manchen Gatten tritt allmählich sogar einige gegenseitige

Achtung und Zuneigung ein. Ja ich fand trotz alledem auch mehrere wirklich schöne, durch ernste Liebe vertiefte Ehen: aber im allgemeinen gilt doch die Thatsache, daß die Frau dort unten von den Männern unendlich viel niedriger geschätzt, viel weniger geachtet, viel schlechter behandelt wird als in den andern Ständen. Sie wird hart gehalten und sehr häufig geschlagen. Dabei fordert der Mann von ihr ehrliche Treue, ohne sich selbst ihr zu einem Gleichen verpflichtet zu fühlen. Auch sonst zeigt sich überall ein großer Mangel des Bewußtseins der gegenseitigen sittlichen Pflichten, die die Ehe vorschreibt. (...)

Eine andre Bemerkung darf ich an dieser Stelle unvermittelt einschieben, eine Klage über das unerhörte Fluchen der Leute. Fast jedermann that es: der Arbeiter in der Fabrik, die jungen Burschen unter sich, die Mädchen des Abends auf den Straßen und daheim. Man fluchte in allen Tonarten, bei jeder harmlosen Gelegenheit; oft wußte mans selbst nicht mehr, wenn man es that. (...) Dagegen habe ich in der Fabrik unter meinen Arbeitsgenossen nie eine Spur von Diebstahl gespürt, wohl aber desto mehr in den Herbergen. (...)

Mehrmals habe ich bereits die innere Stellung meiner Arbeitsgenossen zu einander erwähnt, ausführlich ihren Verkehr bei der Arbeit geschildert. Ich möchte hier noch einige ergänzende Bemerkungen dazufügen. Bei aller Kameradschaft, die unter ihnen herrschte, und die sich namentlich in jenem schon durch den Betrieb geforderten In-die-Hände-arbeiten während der Arbeitsstunden äußerte, traten doch in dem einförmigen Einerlei des kleinen Alltagslebens die Züge der Solidarität, der Gemeinsamkeit, der innerlichen Übereinstimmung mehr und mehr zurück und dafür die besondern Eigentümlichkeiten der einzelnen Charaktere, ihre guten und schlechten Seiten hervor, machten sich kleinliche Interessen untereinander geltend, kamen Eifersucht und Neid, Hochmut und Geringschätzung, Klatschsucht und Kriecherei, Streitsucht und Jähzorn, Selbstsucht und Niederträchtigkeit, Gleichgiltigkeit, Bitterkeit und Mißtrauen wie überall in einer durch den Zwang der Verhältnisse geschaffenen Gemeinschaft zu oft abstoßendem Ausdruck und riefen wie überall dieselben Spaltungen, Gruppierungen und Vorgänge hervor, deren Druck dann oft stärker ist als das Gemeinsame, das diese Leute verbindet. (...)

Über die Arbeit herrschte eine doppelte Auffassung unter den Arbeitsgenossen, die sich innerlich kaum berührte. Den einen galt die Arbeit nur als Last. (...) Arbeit und Nichtsthun waren dieser zahlreichen Gruppe die ganz parallelen Begriffe zu Last und Lust, Langerweile und Abwechslung. Die »Reichen«, die »großen Herren«, die nichts zu arbeiten brauchen, hatten in ihren Augen nie Langeweile. Die »fressen, saufen, reisen, lesen, sehen sich schöne Bilder und Gegenden an und haben schöne Weiber.« Einmal wagte ich dagegen energischen Widerspruch und wollte meinem Gegenüber zeigen, daß wenigstens für tiefer angelegte Menschen, die ja freilich die »Reichen« nicht immer sind, gerade in dieser Beschäftigungslosigkeit und Ungebundenheit, dieser Ziel- und Zwecklosigkeit des Daseins die größere Qual, die ärgste Langeweile, die schlimmste Last liege. Aber damit stieß ich auf absolute Verständnislosigkeit. Unsinn, war die kurze scharfe Antwort, mit der er mich abfertigte, die Reichen können gar nicht Langeweile haben! (...) Mit dieser Auffassung verband sich dann immer ein eisiges Gefühl der Kälte, der Entfremdung, des Mißtrauens gegen diese »vornehmen« Klassen, ein ausgeprägtes Bewußtsein von der unendlichen Kluft zwischen ihnen und jenen, das zwar selten eine persönliche Spitze hatte, aber gerade deswegen für die allgemeine Betrachtung einen um so trüberen Eindruck gewinnt. Einer meiner Freunde nannte das einmal treffend einen *objektiven* Haß. Häufig kommt er, veredelt, mit einem gewissen Stolz, den man seinerseits ebenfalls jenen oberen Klassen entgegensetzt, zum Ausdruck. (...)

Die zweite Ansicht über die Arbeit, die jener eben geschilderten nebenher lief, steht höher und ist doch gerade für die künftige Arbeit des Theologen verhängnisvoller. Die Leute, die ihr anhingen, waren nicht der Meinung, daß jedes Arbeiten ein Unglück für die Menschen wäre. Aber sie hatten nur Achtung vor der Arbeit, die unmittelbar materiellen Gewinn bringt. Unter diesem Gesichtspunkte stand ihnen die körperliche, die Hand-, die Fabrikarbeit der geistigen völlig gleich, die wie die des Kaufmanns und des Technikers sich unmittelbar mit Geld bezahlt macht. Für die geistige Arbeit des

Wissenschaftlers, des Theologen, die man um ihrer selbst oder wieder nur um geistiger Interessen willen thut, hatten sie nur wenig oder gar kein Verständnis. Daher der Dünkel über die unfruchtbare »kindische« Arbeit des Geistlichen, daher vor allem auch beim besten Willen die Unempfänglichkeit für die geistig-sittlichen Beweise der Wahrheit des Christentums, wie sie uns im vorigen Kapitel mehrfach entgegengetreten ist.

Dieser materialistische Zug ist überhaupt die Signatur für die ganze sittliche Entwicklung, in der sich die Gruppe meiner Arbeitsgenossen eben befindet. Sie alle haben ja neben vielen schlechten viele gute, liebenswürdige Eigenschaften an sich und stehen überhaupt nach meiner festen Überzeugung verhältnismäßig sittlich nicht tiefer als die übrigen Schichten unsers Volkes. Aber diese guten Seiten, die sie haben, sind zusehends immer weniger ethisch-religiös, immer mehr wirtschaftlich und ständisch bestimmt; der Idealismus, der sie erfüllt, ist der Idealismus nicht um des Guten, sondern um des Nützlichen willen. In notwendiger Folge davon zeigt sich der so sich gestaltende sittliche Charakter immer weniger fest und widerstandsfähig, verliert also zusehends gerade die Tugenden, die bisher seine Kraft und sein Bestes ausmachten. Ich glaube nach allem Ausgeführten nichts Unrichtiges und Unrechtes zu sagen, wenn ich auch diese bedauernswerte Entwicklung nicht nur den wirtschaftlichen Zuständen, sondern zu einem großen Teile mit der Agitation der Sozialdemokratie in die Schuhe schiebe. *Es zeigte sich mir überall deutlich, daß hier die andre Stelle ist, wo jene ihre verderblichste Wirkung geübt, ihren größten Erfolg bisher errungen und die eigentliche Gefahr für die Zukunft heraufbeschworen hat.* Ich vermag auch nach allen meinen Erfahrungen nicht zu hoffen, daß es in nächster Zeit damit besser wird.

Achtes Kapitel

Ergebnisse und Forderungen

Ich fasse nunmehr das Ergebnis meiner Untersuchungen zusammen.

Ich glaube, eins vor allem bewiesen zu haben: daß die Arbeiterfrage keine bloße Magen- und Lohnfrage, sondern auch eine Bildungs- und religiöse Frage ersten Ranges ist. Auch wenn die weitesten Arbeiterkreise die höchsten Löhne und das beste Auskommen hätten, würde sie, vielleicht in andrer Gestalt, aber doch existieren. Die Lohnfrage ist nach allen meinen Erfahrungen nur einer, nicht einmal der bedeutendste, gewöhnlich nur der anstoß-, keinesfalls der ausschlaggebende Faktor der Bewegung. Es ist natürlich richtig, daß die Agitation unter den Arbeitern immer bei ihren materiellen Nöten und Sorgen einsetzt und, wo keine herrschen, sie ihnen doch einzureden versucht; aber das, was die großen Scharen nun schon seit Jahrzehnten zu diesem »Massenkampfe« begeistert, was gerade auch die bestgestellten und nachdenklichsten Kreise an die Spitze dieser Bewegung stellt, ist, ich wiederhole es, nach allen meinen Beobachtungen diese Lohnfrage nicht, wenigstens nicht allein. Das ist vor allem die heiße Sehnsucht des ganzen Fabrikvolkes nach größerer Achtung und Anerkennung und, im Gegensatz zu der politisch-formellen, auch nach größerer sozialpraktischer Gleichberechtigung, das ist der Glaube an eine trotz allem mögliche bessere Ordnung der wirtschaftlichen Produktion und die dunkle Ahnung, daß gerade der jetzt zur Selbständigkeit erwachende Arbeiterstand am ersten berufen sei, diese durch den demokratischen Druck der parlamentarisch heute schon hoffähigen Masse heraufzuführen. Es ist der heiße Wunsch, in dieser nahenden neuen wirtschaftlichen Ordnung nicht bloß mehr die stummen ausführenden gedankenlosen Werkzeuge eines höhern Willens, nicht nur gehorsame Maschinen, sondern kraftvoll und originell mitwirkende Menschen, nicht nur Hände, sondern auch Köpfe zu sein. Es ist der unaufhaltsame Drang nach größerer geistiger Freiheit, das Verlangen nach den Gütern der Bildung und des Wissens und nach voller Klarheit auch über die höchsten und tiefsten Probleme der Menschenseele, die heute wieder trotz aller Jagd nach Gold und Glanz als neue Rätsel in neuen Gestalten vor der Menschheit emportauchen. Das alles prägt sich, roh noch und ungefüge, unklar und gärend, aber dem beobachtenden Auge deutlich und scharf genug in dieser elementaren deutschen Arbeiterbewegung aus. Und darum unterschiedet sich die deutsche von der aller andern Länder, auch von der Chartistenbewegung Englands in den vierziger Jahren dieses Jahrhunderts: dort waren es, wie auch sonst überall heute noch, in der That die jammervolle materielle Lage, die grausigen wirtschaftlichen Nöte, denen diese Bewegung ihren Ausdruck gab; dort wollte man in erster Linie Brot, höhere Löhne, bessere Kleidung, ein menschenwürdigeres Dasein. Was sonst von andern Zügen in ihr war, hatte nur sekundäre Bedeutung. Bei uns ist das ganz anders, ist es so, wie ich es oben geschildert habe, und eben das macht diese deutsche Arbeiterbewegung so furchtbar ernst, zu einem so vielköpfigen Ungeheuer; aber das giebt auch die Gewähr, daß, wenn sie in ruhige Bahnen eingelenkt sein wird, eine ganz andre, größere, bleibende Frucht aus ihr für spätere Zeiten und Geschlechter zurückbleiben wird, als es schon die Gewerkschaftsorganisation der englischen Arbeiter ist.

Das zweite, was wir rundweg aussprechen müssen, ist die Thatsache, daß die so geschilderte deutsche Arbeiterbewegung ihren Ausdruck und ihre Repräsentation in der Sozialdemokratie hat. Die beiden sind heute und für die absehbare Zukunft aufs engste miteinander verknüpft, ja die Sozialdemokratie ist heute diese Bewegung selbst. Es ist darum ein Wahn, dem sich immer noch viele hingeben, zu meinen, daß es möglich sein könnte, sie zu vernichten, auszuroden, aus der Welt zu schaffen. Auf dieser Meinung fußte der Schöpfer des Sozialistengesetzes ebenso wie der Führer der christlich-sozialen Bewegung, die beide ihre Taktik und Thätigkeit nur nach der Qualität der Führer, und nicht auch der Hunderttausende einrichteten, die hinter den Führern stehen und ganz anders als diese geartet sind. In beiden Fällen hat sich gezeigt, daß es eine irrtümliche Meinung war. Die deutsche Sozialdemokratie ist heute so wenig mehr zu beseitigen, als es die moderne Arbeiterbewegung überhaupt ist. Im Gegenteil, es ist meine wohlüberlegte Ansicht, daß sie auch in Zukunft noch wachsen, daß sie vor allem sich auch in vielen Teilen des platten Landes ausbreiten wird. Sicher da, wo der Großgrundbesitz überwiegt und in Verbindung mit industriellem Großbetriebe, mit Zuckerfabrikation und Schnapsbrennerei auftritt, also eine der städtischen durchaus gleiche Arbeiterklasse geschaffen hat. Auch keine freisinnigen Gewerkvereine, keine christlichen Jünglings- und Männervereine, keine evangelischen Arbeitervereine werden diese Entwicklung aufhalten. Denn sie ist, wie mir scheint, zu einer geschichtlichen Notwendigkeit geworden. Zwar auch jene eben genannten Organisationen haben ihre Bedeutung und ihren Beruf. Vor allem die Arbeitervereine sollen alle die noch immer nach Tausenden zählenden Arbeiter, denen die Wogen der sozialen Stürme über den Köpfen zusammenschlagen, sollen die ruhigen sinnenden Seelen unter ihnen, denen die Kämpfe zuwider sind, und alle die in sich sammeln und stark machen, die ihren überkommenen christlichen Glauben nicht einzutauschen gewillt sind um den Preis friedlosen Suchens und Ringens nach dem Neuen. Aber darüber hinaus haben sie sicherlich keine Mission; und so schmerzlich es mir ist, es auszusprechen, muß ich es doch sagen: es ist eine Täuschung, in ihnen die kraftvollen Ansätze einer neuen sieghaften Gegenorganisation gegen die Sozialdemokratie zu sehen. Hier liegt derselbe Gedanke zu Grunde, der sich uns schon vorhin als falsch erwiesen hat, daß die Sozialdemokratie aus der Welt zu schaffen sei. Das ist, wie gesagt, nicht möglich, nicht einmal wünschenswert. Aber möglich, wünschenswert und notwendig ist, daß sie erzogen, geadelt und geheiligt wird.

Dies geschieht sicherlich zunächst durch eine kraftvolle tiefgreifende Reformarbeit, durch die bedingungslose Erfüllung aller berechtigten Wünsche der millionenköpfigen Arbeitermasse, durch ihre Organisation zu einem besonderen Stande und durch dessen Einpflanzung in den Rechtsboden des modernen Staates. Das aber ist die Aufgabe der Regierung und der gesamten im Parlament vertretenen Gesellschaft. Hier habe ich als Theologe kein Urteil und keinen Rat. Nur das eine bitte ich zu bedenken, die Erfahrung, die ich gemacht habe: daß alles, was für die Arbeiter geschieht, heutzutage durch sie, mit ihrer Hilfe und ihrem Willen geschehen muß. Wir sind über die Zeit des Patriarchentums hinaus: auch der Einzelne aus der großen Menge ist zur Selbständigkeit erwacht und will mitraten und mitthaten, wo es um sein eigen Wohl und Wehe geht. Darum, nur durch eine dauernde ernsthafte Mitbeteiligung an den sozialen Neuformationen der Zukunft wird auch die Arbeiterschaft wieder zu einer nüchternen, besonnenen, praktischen Haltung erzogen.

Aber die zweite, nicht geringere Hälfte jener Erziehungsaufgabe hat die Kirche zu lösen. Ich setze hier mit dem ein, was sich uns als drittes allgemeines Resultat meiner Studien ergeben hat, mit der Thatsache, daß die heutige deutsche Sozialdemokratie nicht nur eine politische Partei, auch nicht nur die Trägerin eines neuen wirtschaftlichen Systems, oder dies beides zusammen, sondern ihrem innersten Wesen nach die Verkörperung einer Weltanschauung, der Weltanschauung des konsequenten, widerchristlichen Materialismus ist. Aus diesem materialistischen Prinzip heraus wächst erst ihr ökonomisches und politisches System; dieses Prinzip, das Zerrbild einer sogenannten, von ihren Anhängern angebeteten »Wissenschaft«, bildet ihre feste Grundlage, giebt der Partei ihre Autorität und ihren Idealismus; und ebenso hat dieses Prinzip bewirkt, daß sie bis heute ihren verhängnisvollsten, nachhaltigsten Einfluß nicht sowohl auf die soziale und politische Gesinnung der Leute, sondern auf den geistigen und religiös-sittlichen Charakter der gesamten deutschen Arbeiterschaft ausgeübt hat. So ist der Arbeit der Kirche der Weg gewiesen: für sie gilt es allein die Auseinandersetzung mit dieser widerchristlichen Weltanschauung des sozialdemokratischen Materialismus. Die politischen Ziele, die sozialen Träume und Wünsche jener Partei sollten sie ebenso wenig beunruhigen, wie die Sorge um die Erhaltung der heutigen Zustände, um den Bestand der herrschenden Staatsform. Diese, ihre Träger und Interessenten, mögen und müssen sie und sich selber schützen. Die Kirche hat kein Interesse daran; sie kann sie ruhigen Herzens selbst untergehen sehen, wenn sich im Ringen der Geister ihre Kraftlosigkeit und Lebensunfähigkeit herausgestellt hat. Der Kirche und ihren Dienern ist es gleichgiltig, ob sie in einem Feudal-, Manchester- oder Sozialstaate wirken. Sie sind nicht um dieses, sondern um der Menschen willen da, die in ihnen leben. Und darum, wenn in ferner oder naher Zukunft selbst der radikalste sozialistische Staat heraufziehen, wenn die Mobilisierung aller Staatsbürger in Arbeiterbataillone Wirklichkeit und Wahrheit werden würde – was thut das uns? So treten auch wir »evangelische Pfaffen« in ihre Reihen, so arbeiten auch wir unsre vier oder sechs Stunden in der Fabrik, im Bergwerk, auf dem Acker: und die übrigen zwanzig Stunden des Tages verkündigen wir, den Aposteln gleich, frei und stark vor allen, die es hören wollen, das Evangelium unsers Herrn. Aber noch sind wir lange nicht so weit. Noch gilt es ein näheres großes Ziel zu erreichen, zu verhindern, daß die Sozialdemokratie das vollendete Antichristentum wird. *Es muß der Grundsatz durch uns zur Thatsache gemacht werden, daß auch ein Sozialdemokrat Christ und ein Christ Sozialdemokrat sein kann.*

Dazu aber müssen wir der sozialdemokratischen Weltanschauung ihr materialistisches Rückgrat ausbrechen. Wir müssen die Autorität jener gefälschten Wissenschaft vernichten, die durch ihren Glanz heute die Augen der ehrlich ringenden Arbeiter blendet und deren Geister willenlos in ihre Ketten schlägt. Wir müssen dieser Pseudowissenschaft der sozialdemokratischen Volkslitteratur die Heuchlermaske vom Gesicht reißen, müssen der falschen die wahre, der parteiischen die unparteiische, der mißbrauchten die reine, keusche Wissenschaft gegenüberstellen. Das ist der soziale Beruf der wahrhaft Gebildeten unsrer Tage, der Männer der Schulen und Studierstuben, daß sie heute von ihren Lehrstühlen zum Volke hinabsteigen und ihm rückhaltlos mitteilen von den Schätzen ihres Wissens und ihrer Gedanken. Da unten ringt sich eine neue breite Volksschicht aus der sozialen Unsicherheit, aus der geistigen Verworrenheit machtvoll herauf. Kommen wir ihr entgegen, geben wir ihr das Licht, das volle Licht und die volle Wahrheit, nach der sie verlangt; lassen wir es nicht weiter zu, daß man sie mit vergiftetem Wissen nährt, schenken wir ihr alles, alles, was wir nach besten Wissen und Gewissen selber haben. Gehen wir in die Fachvereine der Arbeiter, in die Wahlvereine, und wo immer sie sich zusammen finden; bieten wir uns ihnen zum Dienste an, freundlich, bittend, aber ohne Hintergedanken, ohne Agitationszwecke, ohne eigennützige Absichten, nur mit dem einen Ziele, ihnen die Schätze der wahren Wissenschaft zu erschließen, ihre Folgerungen nach rückwärts und vorwärts zu ziehen, aber ihnen besonnen und ernst die Schranken zu zeigen, die auch ihnen aufgerichtet sind, und vor ihrem Mißbrauche und vor Irrwegen zu warnen. Wir protestantischen Theologen fürchten diese Arbeit nicht, wir freuen uns darüber, wir bitten um sie. Denn wir wissen, daß die wahre, vorurteilslose, forschende Wissenschaft der

Wahrheit unsers Glaubens nie schadet, nur nützt. Auch auf unsern menschlichen Augen liegen noch Schleier über Schleier. Der ist uns willkommen, der sie uns herabziehen hilft. Nur immer tiefer, klarer, kraftvoller werden wir dann die ewige, unversiegliche herrliche Wahrheit unsers Glaubens ergreifen und den Frieden suchenden Menschen bringen, nur um so besser, schneller, gründlicher wird die evangelische Kirche ihre oberste soziale Aufgabe in dieser Zeit erfüllen können: den modernen Arbeitern ein modernes Christentum zu bieten.

Denn darüber ist mir nach allen meinen Studien kein Zweifel mehr übrig, daß wenigstens der sächsische Industriearbeiter, der infolge der sozialdemokratischen Agitation durch moderne Gedanken- und Wissenskreise hindurchgegangen ist, in seinem Empfinden, Denken und Auffassen ebenso wenig mehr wie der sogenannte Gebildete unsrer Zeit auf die geistige Verfassung vergangner Zeiten zurückzuschrauben ist. Auch nicht auf die der ersten Jahrhunderte nach Christi Geburt, der Zeiten des Neuplatonismus und der Schöpfung unsers überkommenen Glaubensgebäudes. Es geht den modernen »aufgeklärten« Arbeitern wie den Angehörigen unsrer Mittelstände, unter denen die Egidysche Bewegung unendlich viel Staub, leider wohl nur Staub aufgewirbelt hat, – sie, die sich wie alle tiefer empfindenden Menschen nach wahrhaftem Frieden sehnen, können ihn im Christentum nicht mehr finden, weil ihnen seine ewig unveränderlichen Heilsgüter in einer Form und Fassung dargeboten werden, die für sie heute unannehmbar ist. Und da sie, wie die Kaufmanns- und Beamtenkreise des Mittelstandes, weder die Zeit noch die Bildung und den geistigen Überblick haben, selbst diese Form und Fassung zu zerbrechen, um den Kern und Edelstein zu behalten, so werfen sie, obendrein ergriffen von dem Strudel des Genusses und Glanzes der Zeit, das ganze kostbare Kleinod hin und verlieren mit der Hülle den Inhalt. Nun wohl, so müssen wir, die Diener der Kirche, dies weggeworfene Gut wieder aufheben, müssen die Arbeit, die jene heute nicht thun können, oft schon nicht mehr thun wollen, für sie thun, die alten Formen zerbrechen und den trotz alledem sich danach sehnenden die ganze Herrlichkeit und Wahrheit unsers Glaubens in neuen Gedankenkreisen, in neuen Ausprägungen, in Auffassungen, wie sie dem modernen Menschen allein kongenial sein können, übermitteln. Und der ganze Apparat der modernen echten Wissenschaft soll und kann uns dabei Helferdienste leisten. Wir brauchen dabei kein Fünkchen von der Kraft und dem Wesen, das nach unsrer Erkenntnis das Christentum ausmacht, beiseite stellen und verlieren. Der Inhalt ist ewig, die Form ist vergänglich. Ich habe freilich an dieser Stelle diese Arbeit nicht zu thun. Kein einzelner vermag sie überhaupt zu thun, die von vielen hohen Geistern seit langem schon vorbereitet ist. Nur im gemeinsamen Ringen, allmählich, Schritt für Schritt, in Eintracht, mit Ernst und Besonnenheit, aber auch mit Mut und Kraft haben wir alle, die berufenen und die künftigen Diener der Kirche, sie zu leisten und dabei immer anzuknüpfen an die geschichtliche Person Jesu von Nazareth, vor deren stiller Hoheit auch der Arbeiter sich heute allein noch beugt. Aber geleistet muß diese Arbeit werden – sonst, das ist meine feste, aus bitterster Erfahrung geschöpfte Überzeugung, geht es da unten und wohl auch anderswo auf lange hinaus zu Ende mit dem Christentum. Die Sozialdemokratie ist, vom religiös-kirchlichen Standpunkte aus betrachtet, die erste große geistige Bewegung seit den Tagen der Reformation, die auch den einzelnen kleinen Mann aus dem Volke vor die Frage stellt, sich zu entschließen, ob er für oder wider Christum sein will. Sie faßt mit diesem Zwange der Entscheidung jedes Einzelnen innerste Persönlichkeit, all seine seelischen und geistigen Fähigkeiten an: nutzen wir diese wunderbare geschichtliche Gelegenheit aus, bringen wir es dahin, daß diese Entscheidung ein: Ja Herr, ich glaube! wird, so wird die sozialdemokratische Bewegung dereinst zwar als eine schwere Krisis bedauert, aber als ein unendlicher Segen und als das Mittel eines neuen großen auch religiös-kirchlichen Fortschrittes gepriesen werden. Die wir aber nicht gewinnen werden, denen werden wir dann wenigstens durch die Kraft der wissenschaftlichen Überlegenheit, die von neuem in unserm Dienste steht, imponieren. Und auch das thut nicht weniger not.

Aber der künftige Sieg unsers Glaubens, die Wiedereroberung des arbeitenden Volkes für ihn, ruht nicht in dieser apologetisch-wissenschaftlichen Arbeit, in dieser Vermählung der alten Heilswahrheiten mit den neuen Erkenntnisformen allein, sondern ebenso sehr in der Kraft frommer Persönlichkeiten, die den zweiten, den Thatbeweis für die Wahrheit des Christentums führen, den vor allem die Arbeiter – ich erinnere an einige im sechsten Kapitel mitgeteilte Gespräche – erst fordern, ehe sie wieder glauben zu können vorgeben. Christliche Persönlichkeiten aber wachsen allein auf dem Boden der kleinen lebendigen Gemeinde. Sie zu schaffen ist darum heute eine soziale Notwendigkeit. Daß sie in jenem Vororte, wo ich Arbeiter war, seit Jahren gefehlt hatte und nur erst wieder in den leisesten Anfängen vorhanden war, daß die Arbeitsgenossen dort wie verlassen in der Mitte einer fast toten kirchlichen Gemeinschaft dahin lebten, daß sie keinen moralischen Halt, keine Stütze, keine Hilfe in ihr fanden, ja daß sie sie überhaupt nicht mehr fanden und suchten, das machte sie noch viel weniger widerstandsfähig gegen die Angriffe der Gegner, als sie es ohnehin schon waren, das vor allem ließ ihnen den Glauben an irgend welchen *praktischen* Wert des Christentums für ihr leeres Leben gänzlich verlieren. Aber ich brauche für den Gemeindegedanken nicht noch mehr Worte zu machen: er steckt heute schon in allen Köpfen, und seine Verwirklichung ist allenthalben auf den besten Wegen. Was wird das einst in zwanzig, dreißig, vierzig Jahren für eine Freude sein, wenn auch die Großstädte nur kleine Gemeinden von 5–8000 Seelen haben, wenn überall in ihnen frisches Leben pulsiert, wenn die Predigt und die Seelsorge wieder bis in jedes Haus sorgsam hineingetragen, wenn sie getragen und mitgeübt wird von einer zahlreichen Schar begeisterter frommer Laien aller Stände, aber gleicher, edler, heiliger Gesinnung, und wenn in ihr alle Werke der Liebe und Barmherzigkeit an den Armen, Kranken und Schwachen werden gethan werden. Dies ist keine Utopie, wie Bebels freilich wohl ehrlich geträumter Zukunftsstaat: das ist nur eine Frage der Organisation, an die heute bereits Hand angelegt ist, und die Schritt für Schritt ihrer Vollendung entgegen geführt wird. Und wenn dann die Verhetzten, die Verschüchterten, die Gleichgiltigen, die Spötter verwundert aufsehn und uns fragen werden: Aus was für Kraft thut ihr das? so werden wir antworten wie die ersten Christen: In der Kraft Jesu von Nazareth! und werden auch die neuen Heiden überwinden.

Eines aber wird auch diese Zukunftsgemeinde nicht vermögen: die Nöte beiseite zu schaffen, die aus den großen, jetzt kranken wirtschaftlichen Zusammenhängen stammen. Die innere Mission, in jenes Gemeindeleben zum größten Teile organisch eingefügt, kann nur die Wunden waschen, die Schmerzen lindern, die die Anzeichen einer schweren Krankheit des ganzen Volkskörpers sind. Diese Krankheit selbst aber kann sie nicht verhindern, hat sie bisher kaum in ihrem Wesen erkannt. Diese Arbeit hat für die evangelische Kirche ein andres, das junge Unternehmen des Evangelisch-sozialen Kongresses zu thun. Ich schreibe an dieser Stelle von ihm nicht in offizieller Eigenschaft, als sein Generalsekretär. Ich schreibe hier, wie ich mir persönlich am liebsten und ausführbarsten seine Zukunft denke. Ich glaube, der Evangelisch-soziale Kongreß hat eine doppelte Aufgabe. Seine Waffe ist die Ethik des Evangeliums. Mit ihr soll er rücksichtslos, offen und ehrlich, ohne Ansehen der Partei oder Person Kritik üben an den Zuständen unsrer Tage; er soll darüber wachen, daß diese sittlichen Grundsätze des Evangeliums in den sozialen Neugestaltungen unsrer Zeit nicht abermals unberücksichtigt bleiben, und nicht abermals nur materielle Interessen ausschlaggebend werden; er soll die führenden und gebildeten, auch die leitenden industriellen Kreise, wenn nicht anders so durch den Druck der öffentlichen Meinung zwingen, daß das gesamte Wirtschaftsleben künftig auch als um der Menschen willen vorhanden angesehen wird, die, wie vor allem die Arbeiter, von ihm abhängig sind; und er soll dafür sorgen, daß auch die industriellen Werke allmählich Stätten werden, an denen alle, die in ihnen beschäftigt sind, nicht nur ihren ausreichenden Unterhalt, sondern auch innere Befriedigung und einen zweckvollen, sittlich fördernden Lebensberuf finden. So wird er in der That eine evangelisch-soziale, eine sozial-ethische Instanz werden, deren Gewicht der Staat und die gesetzgebenden Körperschaften künftig werden ebenso berücksichtigen müssen, wie beispielsweise den Zentralverein deutscher Industrieller und die sozialdemokratische Reichstagsfraktion. Aber der Kongreß hat meines Erachtens, indem er jener eben geschilderten Verpflichtung gerecht wird, noch eine zweite Aufgabe zu erfüllen: er hat der Kirche, ihren Organen und Dienern die wahren Quellen der materiellen Not, d. i. die wirtschaftlichen Zusammenhänge aufzudecken, hat ihnen das Auge für diese wirtschaftlichen Probleme zu öffnen und ihnen zu zeigen, daß auch diese Probleme bei aller kirchenregimentlichen, kirchlich organisatorischen und seelsorgerlichen Thätigkeit künftig zu berücksichtigen sind. Der einzelne Geistliche vor allem soll sich auf den jährlichen Kongressen die Kraft und die Fähigkeit holen, seine Gemeinde und die Verhältnisse ihrer einzelnen Glieder auch einmal unter diesen wirtschaftlichen Gesichtspunkten anzusehn, ihre Notstände zu untersuchen, deren Einflüsse auf den sittlichen und religiösen Charakter seiner Pfarrkinder zu verstehen, diese mit ihren angesehenen Gliedern in dem seelsorgerischen Umgang, den er mit ihnen hat, zu besprechen und auch ihnen den Blick für diese Zustände zu erschließen und das Bewußtsein der Verantwortung zu wecken, damit auch sie an ihrem Teile, in ihrem öffentlichen wie Privatleben eine ernste soziale Gesinnung bethätigen. Erfüllt der Evangelisch-soziale Kongreß diesen doppelten Beruf, so hat er eine hohe Mission, so ist auch er ein Machtmittel, um das der evangelischen Kirche gesteckte Ziel endlich doch zu erreichen: *die Erziehung, die Veredlung, die Christianisierung der heute noch wilden, heidnischen Sozialdemokratie, und die Vernichtung ihrer widerchristlichen materialistischen Weltanschauung.*

Kommentar

1. Paul Göhre: Der Mann, das Werk, die Zeit

Paul Göhre (1864–1928): Evangelischer Theologe, mit F. Naumann, M. Rade und M. Weber befreundet, Mitarbeiter an der Zeitschrift ›Die Christliche Welt‹, Generalsekretär des ›Evangelisch-sozialen Kongresses‹ (1891–1894), Pfarrer in einer Arbeitergemeinde in Frankfurt/O. (1894–1897), zusammen mit F. Naumann Begründer des ›National-sozialen Vereins‹ (1896). 1900: Eintritt in die SPD, Androhung eines Disziplinarverfahrens, Verlust des Pfarrertitels, von 1910–1919 Mitglied des Reichstags, Austritt aus der Kirche (1905/06), 1918 sozialdemokratischer Beigeordneter (Unterstaatssekretär) im Kriegsministerium, Staatssekretär im preußischen Innenministerium (1919–1923):

es ist dieser heute weithin vergessene Mann[1], der als theologisch-politische Konfrontationsfigur seiner Epoche nicht erst seit seinem

---

1. *Zu Person und Werk von P. Göhre vgl.*: K. Vorländer, Sozialdemokratische Pfarrer. Eine Skizze, in: Archiv für Sozialwissenschaft und Sozialpolitik 30/1910, S. 455–513; G. Wünsch, Art. ›P. Göhre‹, in: RGG², II, Sp. 1286f.; Ders., Die Bedeutung P. Göhres für die Religion des Proletariats, in: Evangelisch-Sozial. Vierteljahrsschrift für die sozial-kirchliche Arbeit 33/1928, S. 117–125; M. Rade, P. Göhre, in: Die Christliche Welt (im Folgenden unter der Abkürzung ›ChW‹ zitiert) 42/1928, Sp. 611–614; G. J. Neumann, Art. ›P. Göhre‹, in: RGG³, II, Sp. 1663f.; E. Pikart, Art. ›P. Göhre‹, in: Neue Deutsche Biographie, VI, S. 513–515; K.-D. Mrossko, Der religiöse Sozialist P. Göhre, in: Geist und Tat 19/1964, S. 173–178; Ders., P. Göhre. Leben und Werk. Masch.-schriftl. Mskr., Reutlingen 1967 (*Fundstelle*: Archiv des Internationalen Instituts für Sozialgeschichte, Amsterdam); Ders., P. Göhre und die proletarische Welt, in: Damals. Zeitschrift für das geschichtliche Wissen 3/1971, S. 731–744; J. Brenning/Chr. Gremmels, Industrielle Welt und christliches Bewußtsein. Erinnerung an P. Göhre, in: Theologia Practica 11/1976, S. 291–302. – *Des weiteren vgl. die Hinweise bei*: R.-W. Becker, Religion in Zahlen. Ursprung und Wege der quantifizierenden Erforschung religiöser Orientierungs- und Verhaltensweisen (Pädagogische Forschungen. Veröffentlichungen des Comenius Instituts, Reihe: Zeitfragen, Diskussionsbeiträge, Berichte, Bd. 41), Heidelberg 1968, S. 21f.; W. Marhold, Fragende Kirche. Über Methode und Funktion kirchlicher Meinungsumfra-

»sensationellen Entschluß ... zur Sozialdemokratie überzutreten«[2] im Mittelpunkt des öffentlichen Interesses seiner Zeit gestanden hat. Als Göhre im Jahre 1900 als einer der ersten evangelischen Geistlichen diesen Schritt vollzieht[3], hatte er sich bereits als Autor von ›Drei Monate Fabrikarbeiter und Handwerksbursche‹ (1891) einen Namen gemacht; einer Schrift – Th. Heuss nennt sie »die erste deutsche ›Sozialreportage‹ aus dem vierten Stand« [4] –, die sogleich bei ihrem Erscheinen »ungeheures Aufsehen«[5] erregte; ihr Verfas-

---

gen (Gesellschaft und Theologie, Abt.: Praxis der Kirche, Nr. 5), München/Mainz 1971, S. 22–24; R. Sorg, Marxismus und Protestantismus in Deutschland. Eine religionssoziologisch-sozialgeschichtliche Studie zur Marxismus-Rezeption in der evangelischen Kirche 1848–1948 (Kleine Bibliothek Bd. 48), Köln 1974, S. 92–94. – Eine aus den Quellen erarbeitete, zu Person und Werk von P. Göhre Stellung nehmende Untersuchung wird zur Zeit von J. Brenning als Marburger sozialethische Untersuchung vorbereitet.

2. W. Keil, Erlebnisse eines Sozialdemokraten, Bd. I, Stuttgart 1947, S. 159.

3. P. Göhre, Mein Uebertritt zur Sozialdemokratie, in: Die Zukunft 31/1900, S. 326–338; Ders., Wie ein Pfarrer Sozialdemokrat wurde. Eine Rede, Berlin 1906.

4. Th. Heuss, F. Naumann. Der Mann, das Werk, die Zeit (Siebenstern-Taschenbuch Bd. 121–123), München/Hamburg 1968, S. 95.

5. M. Wenck, F. Naumann. Ein Lebensbild, Berlin 1920, S. 46. Das von diesem Buch hervorgerufene »ungeheure Aufsehen« hat dazu geführt, daß ›Drei Monate Fabrikarbeiter‹ der literarischen Öffentlichkeit »bald wie ein Salonroman (galt), den man gelesen haben mußte, wenn man noch als gebildet gelten wollte« (M. Wenck, a. a. O.) – ein rezeptionsgeschichtlicher Vorgang, der von R. Lavant, einem Zeitgenossen Göhres, satirisch wie folgt kommentiert wird:

»Das Buch schlug ein; es ward verschlungen
und ging sogar von Hand zu Hand,
denn anders hat das doch geklungen,
als was im Wochenblättchen stand.
Man war verblüfft; nicht abzuweisen
war ja, woran man nie gedacht,
der Vorwurf, daß Entdeckungsreisen
man jetzt im eignen Volke macht.
Ihr kennt die Schwarzen, die sich weiden
am grellen Glanz des Tropenlichts.

ser, »Pastor Göhre, der drei Monate in Fabriken arbeitete, um das Arbeiterleben kennen zu lernen«[6], »war mit einem Schlage ein bekannter Mann«[7].

Im Blick auf die starke Resonanz von ›Drei Monate Fabrikarbeiter‹ ist es nicht unwesentlich, daß das 1891 veröffentlichte Buch historisch im richtigen Augenblick erscheint. Das Jahr 1890 hatte mit den ›Februarerlassen‹ Wilhelm II., der Aufhebung der Sozialistengesetze und der Gründung des ›Evangelisch-sozialen Kongresses‹ den Beginn einer ›Neuen Ära‹ in Aussicht gestellt: »›Sozial‹ sein – galt nicht mehr als für den Staatsanwalt reif sein, sondern als ›kaisertreu‹ und ›national‹. Man stürzte sich auf sozialpolitische Lektüre. Die sozialistischen Theorien wurden studiert und debattiert, die sozialethischen und sozialreligiösen Probleme lebhaft erörtert. Das treffliche Buch Paul Göhres ›Drei Monate Fabrikarbeiter‹ ... machte ein ungeheures Aufsehen ... Kurzum – es ging wie ein sozialer Frühlingssturm durch die Lande«[8]. Als kirchenregimentliches Pendant zum ›neuen Kurs‹ der Reichsregierung erscheint im April desselben Jahres ein Erlaß des Evangelischen Oberkirchenrates, in dem dieser die Geistlichen der Landeskirche dazu auffordert, »die vorhandenen Notstände scharf ins Auge zu fassen« und »Abhilfe für dieselben zu suchen«[9]; wenige Monate später eröffnet A.

Vom eignen Volk und seinen Leiden,
von seinem Leben wißt ihr nichts«.
(R. Lavant, i. e. R. Cramer, Drei Monate Fabrikarbeiter, in: Der wahre Jakob Nr. 132/1891; wiederabgedruckt in: R. Lavant, Gedichte, hrsg. v. H. Uhlig [Textausgaben zur Frühen Sozialistischen Literatur in Deutschland, Bd. 6], Berlin 1965, S. 51–52, S. 52. *Vgl. dazu*: U. Münchow, Frühe deutsche Arbeiterautobiographie, Berlin 1973, S. 23f.).

6. ›Vorwärts‹ vom 26. 8. 1896 (*Fundstelle*: Sammlung Personalia ›Göhre‹, Friedrich-Ebert-Stiftung. Archiv der sozialen Demokratie, Bonn). *Ebenso*: ›Norddeutsche Allgemeine Zeitung‹ vom 8. 11. 1892 (Akten des EOK, Gen. XII, 77, Vol. II, Bl. 96) und: ›Kreuzzeitung‹ vom 19. 10. 1899 (Akten des EOK, Personalia G, 47, Bl. 97). *Vgl. auch*: W. Keil, a. a. O., S. 159: »... Pfarrer Paul Göhre, der zur Erforschung der Arbeiterseele drei Monate als Fabrikarbeiter tätig war ...«

7. Th. Heuss, a. a. O.

8. M. Wenck, a. a. O., S. 46.

9. Ansprache des Evangelischen Oberkirchenrates an die Geistlichen der

Wagner den am 27. Mai 1890 in Berlin zusammentretenden ersten ›Evangelisch-sozialen Kongress‹ mit den Worten: »Auch der Sozialdemokratie gegenüber müssen wir suchen, was uns einen kann ...«[10]. Unter den jüngeren Christlich-Sozialen verbreitet sich die Hoffnung, »die Zeit des ... Verdächtigens und Verdammens« möge »unter dem Druck gemeinsamer Nöte und Aufgaben« von »einer Zeit der Verständigung« abgelöst werden[11].

›Februarerlasse‹, Aufhebung der Sozialistengesetze, Erlaß des Evangelischen Oberkirchenrats, Gründung des ›Evangelisch-sozialen Kongresses‹: dies sind die wichtigsten äußeren Daten für »das Jahr der Wende, 1890«[12], in dem der Kandidat der Theologie Paul Göhre mit einem bis dahin noch niemals unternommenen Experiment Aufsehen erregt: »Sein Unternehmen war in der Zeit unerhört gewesen: ein sechsundzwanzigjähriger Pfarrgehilfe taucht, unbe-

---

evangelischen Landeskirche vom 17. April 1890; *abgedruckt in*: G. Brakelmann, Kirche, soziale Frage und Sozialismus, Bd. I: Kirchenleitungen und Synoden über soziale Frage und Sozialismus 1871–1914 (Protestantismus und Sozialismus, Bd. 3), Gütersloh 1977, S. 86–90. Zitat: S. 90. *Zur Interpretation dieses Erlasses vgl.*: P. Gennrich/E. v. d. Goltz, H. von der Goltz. Ein Lebensbild als Beitrag zur Geschichte der deutschen evangelischen Kirche im 19. Jahrhundert, Göttingen 1935, S. 152ff.; F. Fischer, Der deutsche Protestantismus und die Politik im 19. Jahrhundert, in: Historische Zeitschrift 171/1951, S. 473–518, S. 509ff.; K. E. Pollmann, Landesherrliches Kirchenregiment und soziale Frage. Der evangelische Oberkirchenrat der altpreußischen Landeskirche und die sozialpolitische Bewegung der Geistlichen nach 1890 (Veröffentlichungen der Historischen Kommission zu Berlin, Bd. 44), Berlin/New York 1973, S. 73–156.

10. »Auch der Sozialdemokratie gegenüber müssen wir suchen, was uns einen kann, und das liegt vor Allem in dem wesentlichen Punkte, daß wir bekennen: Wir haben den ungeheuren Fehler gemacht, zu wähnen, daß aus vollkommener Freiheit der wirtschaftlichen Bewegung das Heil komme, während wir doch mit möglichst festen Normen des Rechts und der Sitte den wirtschaftlichen Egoismus einengen müßten.« (A. Wagner, Eröffnungsansprache; in: Die Verhandlungen des 1. Evangelisch-sozialen Kongresses, Berlin 1890, S. 13).

11. M. Rade, Der Evangelisch-soziale Kongress, in: ChW 4/1890, Sp. 477–479, Sp. 478.

12. Th. Heuss, a. a. O., S. 28.

kannt und unerkannt, in die Tiefe, teilt alles, Leben, Wohnung, Vergnügen, elfstündige Handarbeit, mit den Ungelernten«[13]. Wie kam Göhre auf diesen, »für jemanden seines Standes und seiner Ausbildung in jener Zeit geradezu undenkbar(en)« Gedanken?[14].

2. Der Plan

Die Antwort, die Göhre den Lesern seines späteren Buches gibt: »*Seit Jahren* für das Studium der sozialen Frage vom religiösen und kirchlichen Standpunkte aus erwärmt ...« (15; Hervorhebung d. Verf.), läßt deutlich erkennen, daß der Entschluß, den ›Kandidatenrock an den Nagel zu hängen‹ (15), nicht das Ergebnis einer spontanen Augenblicksentscheidung ist – eine Einsicht, die auch von jenem Brief bestätigt wird, in dem unter dem Datum des 1. 1. 1890 zum erstenmal von dem bevorstehenden Experiment die Rede ist; in diesem Schreiben wendet sich Göhre, zu dieser Zeit noch Hilfsredakteur der ›Christlichen Welt‹, in einer ihn »seit fast 2 Jahren beschäftigenden Sache« an F. Naumann:

»... ich (trage) mich noch immer mit dem Gedanken, direkt unter die Arbeiter zu gehn. *Früher dachte ich das so auszuführen*: auf jede Berufsstellung verzichten, Fabrikarbeiter werden und so sich sein Brot verdienen, daneben durch sein eigen Beispiel, durch Wort und gelegentliche Missionspredigt erst im kleinen Kreise, dann allmählich mehr heraustretend nach Apostelart Christentum unter den Arbeitern zu lehren und zu leben. Ich versprach mir davon besonders viel, weil man den armen verwahrlosten Menschen ein bisher ungekanntes Opfer an Glück, Ehre, Bequemlichkeit usw. bringen und sie, die dafür empfänglich sind, durch den Einfluß der eigenen Persönlichkeit für sich und den vertretenen Glauben gewinnen würde ... Die Arbeit würde die nächsten Jahrzehnte, die einem Gott beschert, kosten; *es wäre eines Lebens Arbeit*«[15].

---

13. Th. Heuss, P. Göhre, in: Die Hilfe 34/1928, S. 281–283, S. 281.

14. K.-D. Mrossko, P. Göhre und die proletarische Welt, a. a. O. (vgl. Anmerk. 1), S. 732.

15. P. Göhre an F. Naumann am 1. 1. 1890, in: An die Freunde. Vertrauliche d. i. nicht für die Oeffentlichkeit bestimmte Mitteilungen, Nr. 91 (vom 1. 12. 1928), Sp. 1039–1040, Sp. 1039; Hervorhebung d. Verf. (Eine gekürzte Fassung dieses Briefes ist abgedruckt in: ChW 54/1940, Sp. 198).

Göhre hat jedoch diese ursprünglich mit seinem Plan verbundenen Absichten aufgegeben: »Ich bin der Ansicht, daß bei unseren Erwerbsverhältnissen die beste Kraft mit der Hände Arbeit um das tägliche Brot würde vergeudet werden und nur wenig für das gestellte Ziel übrig bleiben würde.« Aus diesem Grund wird der Gedanke, Fabrikarbeiter zu werden, in zweifacher Hinsicht – temporal und motivational – abgeändert; nicht nur wird das anfänglich in Aussicht genommene ›zeitlebens Arbeiter‹ in ein zeitlich begrenztes Experiment abgewandelt: »Wie wäre es, wenn man *wenigstens ein halbes Jahr* einmal Arbeiter würde?« Göhre gibt zu erkennen, daß sich auch das Motiv verwandelt hat, das er mit dem derart revidierten Plan verfolgt: »Nicht um zu missionieren, sondern *nur um die Menschen und Verhältnisse in ihrer ganzen Wirklichkeit zu erkennen*«, will Göhre »stets ... nur ... beobachten(d)« als Arbeiter tätig sein[16]. Das »gesammelte Material«, so stellt sich Göhre die Auswer-

---

16. a. a. O., Sp. 1039f.; Hervorhebung d. Verf. – Abweichend von diesem frühen Brief an F. Naumann, der die Abänderung des ursprünglichen Plans (zeitliche Begrenzung, Abgrenzung gegen missionierende Absichten) für die Zeit *vor* Antritt des Experiments belegt, spricht Göhre in späteren Äußerungen davon, er habe erst *in* der Fabrikarbeiterzeit erkannt, daß das ›zeitlebens Arbeiter‹ (so M. Rade in: ChW 42/1928, Sp. 612) »unausführbar sei«: »Meine Absicht war, wie auch Rade es Ihnen wohl aus seiner Erinnerung bestätigen wird, für *mein Leben lang Fabrikarbeiter zu werden.* Ich wollte den Arbeitern ›das *Evangelium* verkündigen‹, indem ich ihr Los völlig teilte. Es waren also *rein religiöse*, oder doch vorwiegend religiöse Absichten, die ich hatte; daneben wollte ich ihnen auch sozial helfen. Erst mitten in und durch die Arbeiterzeit erkannte ich, daß der Plan unausführbar sei, vor allem, weil die Arbeiterschaft in einer psychologischen Situation war, die es verhinderte, ihnen zuerst religiös zu kommen. *Die elementarste Erfahrung, die ich machte, war, daß man zunächst ihre soziale Lage gründlich heben müsse*, ehe man sie wieder religiös packen könnte. Mit dem Entschluß, so zu handeln, ging ich in meine soziale Sphäre wieder zurück.« (P. Göhre an G. Wünsch [undatiert], abgedruckt in: G. Wünsch, Die Bedeutung P. Göhres für die Religion des Proletariats, a. a. O., S. 118). *Vgl. auch die Äußerung aus dem Jahre 1899*: »Und zwar hatte ich dabei ... nichts Geringeres im Sinne, als mein Leben lang Arbeiter zu werden. Als Arbeiter, der den Tag über in der Fabrik sein Brot verdient, wollte ich den Arbeitern Jesum Christum verkünden. Ich merkte bald, daß das nicht nur eine sehr schwierige, sondern nicht einmal

tung vor, sollte dann »etwa in Form von Arbeiterbriefen als Kultur- und Sittenbilder für unsere Gebildeten« veröffentlicht werden. Schließlich bittet er Naumann um Stellungnahme:

»Was sagst Du zu dem allen? ... Hältst Du ihn (sc. diesen ›Plan‹) für durchführbar, für ausführenswert? Ich habe von ihm noch wenigen gesagt. Die wenigen, denen ich ihn angedeutet, auch Dein Schwager Rade, hält ihn für unausführlich, wohl auch für phantastisch. Ich möchte das bestreiten. Ich habe so lange und so nüchtern darüber nachgedacht. Aber Opfer müssen wir bringen, sonst schwindet die Kluft nicht, sonst kehrt der Glaube nicht wieder. Und wir, die wir das predigen, müssen es vormachen.«

Göhre, der sich in dieser Zeit (Anfang Januar 1890), in der die Freunde sein Vorhaben noch für ›unausführlich‹ und ›phantastisch‹ halten, bereits mit Einzelheiten beschäftigt, teilt Naumann mit, daß er »... den Plan schon im kommenden Sommer etwa von Mitte April an zu verwirklichen« gedenkt. »Ich dachte es mir wohl ausführbar, als Handwerksbursche aus Dresden etwa nach Chemnitz zu wandern, als ehemaliger Schreiber sich dort irgendwelche Arbeit zu suchen«, um dann »als Schlafbursche auch die Familienverhältnisse kennen zu lernen ...«[17].

3. Motiv und Methode

Mit der schon im Stadium der Vorüberlegungen anklingenden Absicht, die »Verhältnisse in ihrer ganzen Wirklichkeit zu erkennen«, ist das für ›Drei Monate Fabrikarbeiter‹ entscheidende Motiv benannt: »Und eben das war es, was ich vor allem wissen wollte, um darauf ... meine spätere Arbeit bauen zu können: die volle Wahrheit

---

unbedingt nothwendige Sache sei ... So kehrte ich nach mehr als dreimonatiger Arbeit in meine alten Verhältnisse zurück, mit einem doppelten Ergebniß für mich persönlich; erstens in der Sphäre, in die ich hineingewachsen war, den Arbeitern künftig zu dienen; zweitens: Das nicht nur religiös, sondern auch sozial und politisch zu thun.« (P. Göhre, Meine Trennung von den Nationalsozialen, in: Die Zukunft 30/1899, S. 281–295, S. 282).

17. a. a. O., Sp. 1039f.

über die Gesinnung der arbeitenden Klassen, ihre materiellen Wünsche, ihren geistigen, sittlichen, religiösen Charakter« (16). Indem Göhre darauf abstellt, ›Verhältnisse in ihrer *ganzen* Wirklichkeit‹ zu erkennen; indem er die ›*volle* Wahrheit‹ erfahren will, bestätigt er den theologischen Wirklichkeitsverlust, den er im Interesse der Theologie empirisch zu verringern hofft; zwar hatte schon A. v. Oettingen, der Begründer der evangelischen Sozialethik, an die Theologen seiner Generation die Forderung gerichtet, »die Thatsachen des äußeren Lebens reden zu lassen und aus der Abstraction in die reale Wirklichkeit hinabzutauchen« [18], aber – auch zwanzig Jahre später noch muß Göhre »die zu geringe Kenntnis der Wirklichkeit, der thatsächlichen Lage derer« beklagen, »um derentwillen wir eine soziale, eine Arbeiterfrage haben«. Da die »reiche Litteratur« zur ›sozialen Frage‹, die »Richtigkeit der gegebenen Darstellungen« (15) nicht zu verbürgen vermag, fordert Göhre, wie auch der ›Evangelisch-soziale Kongreß‹ in seiner 1891 veröffentlichten Satzung, »... die sozialen Zustände unseres Volkes vorurteilslos zu untersuchen ...« [19]. Deutlich ist das durch die sozialpolitischen Impulse von 1890 erwachte Interesse an der Sozialdemokratie erkennbar:

»Wie malt sich eigentlich die Welt in den Köpfen dieser Leute, die nun schon seit Jahrzehnten vielleicht unter dem Einflusse der sozialdemokratischen Führer stehen? Welches sind, eine Frucht jener Agitation, ihre sozialen und politischen Vorstellungen, welches ist ihr sittlicher Charakter, ihr innerstes religiöses Empfinden, die Stellung der Einzelnen zur Kirche? Haben sie überhaupt noch religiöse Bedürfnisse?«

Göhre weiß, daß er damit nach den »innersten Gedanken der Leute« fragt, nach »ihre(r) Gesinnung, die sie nur äußern, wenn sie unter sich und unbelauscht sind«; und er sieht, daß sich hier ein *methodisches Problem* stellt: »Wie aber ergründen, was sich so gerne dem forschenden Auge entzieht?«:

---

18. A. v. Oettingen, Die Moralstatistik in ihrer Bedeutung für eine christliche Socialethik, Erlangen [2]1874, S. 16.

19. Satzungen des ESK (1891), Punkt 1; in: Die Verhandlungen des 2. Evangelisch-sozialen Kongresses, Berlin 1891, S. 126. *Vgl. dazu*: P. Göhre, Die Evangelisch-soziale Bewegung. Ihre Geschichte und ihre Ziele, Leipzig 1896, S. 144ff.

»Das beste, geradeste, wenn auch nicht eben bequemste war, wenn ich selbst unerkannt unter die Leute ging, mit eignen Ohren hörte und mit eignen Augen sah, wie es unter ihnen steht, ihre Nöte, ihre Sorgen, ihre Freuden, ihr tägliches einförmiges Leben selbst miterlebte, die Sehnsucht ihrer Seele, ihren Drang nach Freiheit, Besitz, Genuß belauschte und selbständig nach den innersten Triebfedern ihrer Handlungen suchte« (16).

Göhre ist sich derart bewußt, daß, um seine Absichten zu verwirklichen, »*nur* der Weg örtlicher autoptischer Recherche« (M. Weber)[20] in Frage kam; methodologisch gesehen ist daher ›Drei Monate Fabrikarbeiter‹ das Ergebnis einer zugleich ›direkt‹, ›verdeckt‹ und ›aktiv-teilnehmend‹ verfahrenden Beobachtungsweise. (*›Direkt‹*: »Die zu erhebenden Daten werden unmittelbar, im Augenblick des Auftretens bzw. sogleich nach der Beobachtungsperiode niedergeschrieben«; *›verdeckt‹*: »Der Beobachter gibt seine Identität als Forscher nicht zu erkennen«; *›aktiv-teilnehmend‹*: »Der Beobachter nimmt für einen bestimmten Zeitraum am Leben und Treiben der zu beobachtenden Gruppe aktiv teil, um auf diese Weise als integriertes Gruppenmitglied möglichst unauffällig die gewünschten Daten und Fakten sammeln zu können«)[21]. Göhre sieht sich jedoch genötigt, sein Experiment, anonym als »Arbeiter unter Arbeitern« (17) zu leben, gegen mögliche Mißverständnisse zu verteidigen; in einer Situation, in der das Sozialistengesetz noch nicht ausgelaufen ist, stellt er – so in einem der ›Christlichen Welt‹ erschienenen Vorabdruck – ausdrücklich fest:

»Ich füge gleich an dieser Stelle hinzu, nicht um sie (sc. die Arbeiter) etwa auszuspioniren und der Polizei Dienste zu thun. Ich verwahre mich schon hier etwaigen Verdächtigungen gegenüber davor, als Polizeispitzel gebrandmarkt zu werden. Als ich meine Fahrt antrat, wußten überhaupt nur wenige von ihr ... Denn es kam mir, am allerwenigsten so kurz vor Aufhebung des

20. M. Weber, Zur Rechtfertigung Göhres, in: ChW 6/1892, Sp. 1104–1109, Sp. 1106.

21. W. Marhold, a. a. O. (vgl. Anmerk. 1), S. 22f.; mit Hinweis auf: P. Atteslander, Methoden der empirischen Sozialforschung (Sammlung Göschen Bd. 1229/1229a), Berlin 1969, S. 123–159.

Sozialistengesetzes, nicht darauf an, etwa einen Einblick in die geheime Organisation der sozialdemokratischen Partei zu gewinnen ...« [22].

Auf »dem Wege der unmittelbaren Erfahrung durch unstrukturierte Beobachtungen und Gespräche« zustande gekommen, hat R.-W. Becker Göhres Buch »eine Art ›pilot study‹« genannt und hinzugefügt: »Das Kapitel über ›Bildung und Christentum‹ könnte man als die erste Sammlung empirischen Materials über Glaubensvorstellungen und religiöse Überzeugungen bezeichnen« [23]; wie M. Rade später bestätigen wird [24], ist dieses Urteil, das bei Göhre den Anfang einer »soziologisch-theologische(n) Entwicklung« gegeben sieht [25], berechtigt; es anerkennt die Geburt der empirischen Reli-

---

22. So in dem unter dem Titel ›Drei Monate Fabrikarbeiter und Wandergeselle‹ in der ›Christlichen Welt‹ (ChW 4/1890, Sp. 935) erschienenen Vorabdruck. Vgl. dazu Anmerk. 31.

23. R.-W. Becker, Religion in Zahlen, a. a. O. (vgl. Anmerk. 1), S. 23, S. 21.

24. »Wir haben eigentlich nur eine Vorarbeit, die von Wichtigkeit geworden ist, und die Sie alle kennen, das ist, was Goehre in seinem Buche ›Drei Monate Fabrikarbeiter‹ über einen doch sehr geringen Ausschnitt, über Leben und Denkweise seiner dreimonatlichen ›Arbeitskollegen‹ mitgeteilt hat.« (M. Rade, Die sittlich-religiöse Gedankenwelt unserer Industriearbeiter, in: Die Verhandlungen des 9. Evangelisch-sozialen Kongresses, Göttingen 1898, S. 66–130, S. 66f.). – *Vgl. des weiteren*: G. Dehn, Die religiöse Gedankenwelt der Proletarierjugend, Berlin 1923; Ders., Proletarische Jugend. Lebensgestaltung und Gedankenwelt der großstädtischen Proletarierjugend, Berlin 1929; W. Zimmermann, Die Lebens- und Arbeitsverhältnisse der erwerbstätigen Jugend in Deutschland, in: Die Verhandlungen des 33. Evangelisch-sozialen Kongresses, Göttingen 1926, S. 108–132. Vgl. auch a. a. O., S. 132–148. 163–167; P. Piechowski, Proletarischer Glaube. Die religiöse Gedankenwelt der organisierten deutschen Arbeiterschaft nach sozialistischen und kommunistischen Selbstzeugnissen, Berlin ²1927.

25. J. Rathje, Die Welt des freien Protestantismus. Ein Beitrag zur deutsch-evangelischen Geistesgeschichte, dargestellt an Leben und Werk von M. Rade, Stuttgart 1952, S. 56. – *Zur Begründung dieses Urteils vgl.:* P. Göhre/M. Weber, Die deutschen Landarbeiter mit besonderer Berücksichtigung der vorjährigen Enquête des Kongresses, in: Die Verhandlungen des 5. Evangelisch-sozialen Kongresses, Berlin 1894, S. 43–82; P. Göhre, Ein Besuch auf

gionssoziologie aus dem Geist einer Theologie, die in den ›liberalen‹ Traditionen des ›freien Protestantismus‹ ihre akademische Selbstfesselung, nicht aber sich selbst aufzulösen gewillt war.

4. In der Fabrik

Göhre hat sich bei der Durchführung seines Fabrikarbeiterexperiments im wesentlichen an den F. Naumann mitgeteilten Plan gehalten: Zunächst, »in struppigem Haar und Bart als richtiger Handwerksbursche«, die Wanderung von Dresden nach Chemnitz, »dem Mittelpunkte der ausgedehnten sächsischen Großindustrie« (15); dort Arbeitssuche als ehemaliger ›Schreiber‹ (17f.), »Besichtigung von freistehenden Schlafstellen« (21). Lediglich der ursprünglich für

---

einer Oderbruchdomäne, in: Die Wahrheit 8/1897, S. 257–265. (*Dazu*: J. Brenning/Chr. Gremmels, a. a. O. [vgl. Anmerk. 1], S. 301f.); Ders., Die Gottesauffassung der verschiedenen Volksklassen, in: Die Umschau 3/1899, S. 1–5; Ders., Anschauungen über Moral in den verschiedenen Volksklassen, in: die Umschau 4/1900, S. 241–245. *Vgl. in diesem Zusammenhang auch Göhres Tätigkeit als Herausgeber früher Arbeiterautobiographien*: K. Fischer, Denkwürdigkeiten und Erinnerungen eines Arbeiters, hrsg. und m e. Geleitwort versehen v. P. Göhre, Bd. I–II, Jena/Leipzig 1903ff.; M. W. Th. Bromme, Lebensgeschichte eines modernen Fabrikarbeiters, hrsg. und eingel. v. P. Göhre, Jena/Leipzig 1905. (*Neuedition*: Unter dem Originaltitel hrsg. v. B. Neumann [Athenäum Paperbacks Germanistik, Bd. 4], Frankfurt 1971); W. Holek, Lebensgang eines deutsch-tschechischen Handarbeiters, mit einem Vorwort hrsg. v. P. Göhre, Jena 1909; F. Rehbein, Das Leben eines Landarbeiters, hrsg. und eingel. v. P. Göhre, Jena 1911. (*Neuedition*: [1] Unter dem Titel ›Gesinde und Gesindel. Aus dem Leben eines Landarbeiters im wilhelminischen Deutschland‹ hrsg. v. K. Böttcher, Berlin 1955; [2] Unter dem Originaltitel hrsg. v. K. W. Schafhausen [Sammlung Luchterhand Bd. 137], Darmstadt/Neuwied 1973) – *Vgl. dazu*: U. Münchow, Frühe deutsche Arbeiterautobiographie, Berlin 1973; W. Emmerich (Hrsg.), Proletarische Lebensläufe. Autobiographische Dokumente zur Entstehung der Zweiten Kultur in Deutschland, Bd. I: Anfänge bis 1914, Hamburg 1974, G. Bollenbeck, Zur Theorie und Geschichte der frühen Arbeiterlebenserinnerungen (Theorie-Kritik-Geschichte Bd. 11), Scriptor Verlag, Kronberg/Ts. 1976.

»Mitte April« vorgesehene Reisebeginn zögert sich hinaus: Am »10. 6. nach Chemnitz« vermerkt M. Rade auf dem Brief Göhres, den dieser ihm am 9. 6. 1890 unmittelbar vor Antritt der Reise geschrieben hat:

»Wenn Sie diesen Brief morgen früh lesen, bin ich auf meiner Fahrt ins Dunkle. Ich habe meine Sache ganz Gott anheimgestellt. Viel Ehrgeiz ist wohl nicht mehr dabei. Er schwindet auch bei so einem Schritte. Wenn nur die ersten Tage erst vorüber wären und ich mitten drin. Dann werd ich schon schwimmen. Es wird auch für mich eine gute Schule sein. Man hängt noch immer zu viel an allerhand Unsinn. Vielleicht wirds für mein ganzes Leben der bedeutungsvollste Schritt sein.« [26]

Deutlich spürbar ist die Spannung und Erregung dieser »Fahrt ins Dunkle«, dem Versuch »unerkannt unter die Leute« zu gehen (16) – ein Vorhaben, das Göhre nicht ganz einhalten kann: »Einen Teil jedes Tages benutzte ich, ... um ... Arbeit in einer Fabrik zu suchen. Wir bekamen sie nirgends. Überall fanden eher Entlassungen als Neueinstellungen von Arbeitern statt. ... So blieb nichts übrig, als mich doch einem Fabrikanten zu entdecken« (19). In einer Maschinenfabrik im Chemnitzer Vorort Kappel wird Göhre als Handarbeiter eingestellt und – seiner Bitte entsprechend – wie jeder andere behandelt. Daß er dennoch auf seine Kollegen nicht wie ein »gewöhnlicher Durchschnittsarbeiter« wirkte, berichtet Georg Ort, ein ehemaliger Arbeiter dieser Fabrik:

»Dieser Neuling fiel ganz besonders auf durch sein Wesen. Er hatte zwar wie jeder andere Arbeiter eine Bluse an, die mit einem Riemen um den Leib festgeschnallt war, ferner eine alte schmutzige Hose und trug einen verbeulten Hut. Aber sein ganzes Benehmen, seine Haltung, sein kühner furchtloser Blick verriet, daß er doch ein anderer war, wie so ein gewöhnlicher Durchschnittsarbeiter ... Er machte ganz den Eindruck eines heruntergekommenen Genies.« [27]

---

26. P. Göhre an M. Rade am 9. 6. 1890, S. 1f. (Göhre-Nachlaß).

27. G. Ort, Drei Monate Fabrikarbeiter, in: Frankfurter Volksbote, Beiblatt zur ›Hilfe‹. Organ für Christliche Vereine in Frankfurt a. M. und Umgegend 2/1896, Nr. 2 (vom 12. 1. 1896), Sp. 2–4. *Fortsetzung*: Nr. 3 (vom

Göhre arbeitet – wie alle – »täglich elf Stunden«, hat »als einer der ihrigen unter ihnen gewohnt« (15) *und*: Die Arbeit ist ihm schwergefallen. G. Ort erinnert sich, daß Göhre »mitunter über Müdigkeit und Abgespanntheit klagte«[28]; Göhre selbst berichtet: »Ich fühlte, daß meine Elastizität zu Ende war. So brach ich, wohl allzu plötzlich, ab und kehrte Ende August nach Hause zurück« (22)[29].

5. Literarische Verwertung. Öffentliche Reaktionen

Unmittelbar im Anschluß an das hier als ›Abbruch‹ bezeichnete ›plötzliche‹ Ende des Fabrikarbeiter-Experiments beginnt Göhre mit der Niederschrift des Erlebten. M. Rade, der zu der literarischen Gestaltung des Berichts »ausführliche Ratschläge« erteilt[30],

---

19. 1. 1896), Sp. 1–2; *Zitat*: Nr. 2, Sp. 2. »Schon damals war im Sozialdemokratischen Bezirksverein Kappel der junge Handarbeiter, der im letzten Jahre des Ausnahmegesetzes so pünktlich zu jeder Versammlung erschien und bei Rendlers den Fensterplatz einnahm, wegen seiner sonst von den Arbeitern ja nicht getragenen goldenen Brille aufgefallen« (E. Heilmann, Geschichte der Arbeiterbewegung in Chemnitz und dem Erzgebirge, o. Ersch.-O., o. Jg. [Chemnitz 1912], S. 283).

28. »Im Anfange konnte er (sc. Göhre) sich in der Fabrik gar nicht zurecht finden und oft hatte er sich verlaufen. Recht schwer arbeiten mußte er auch oft, so daß er alle seine Körperkräfte aufwenden mußte. Aus diesem Grunde klagte er auch mitunter über Müdigkeit und Abgespanntheit, die ihn befielen und er sagte oft: ›10stündige Arbeitszeit ist zu viel für einen Fabrikarbeiter, es wäre hinreichend genug, wenn wir 8 Stunden arbeiteten.‹« (G. Ort, a. a. O., Nr. 2, Sp. 3).

29. *Vgl. auch die folgenden Berichte*: »Als Göhre aus der Fabrik zurückkam, litt er Monate lang nicht nur unter körperlichen Schmerzen, die sich von der Überanstrengung besonders nachts einstellten, sondern auch an einem gewissen Wahn, als sei er unsauber, er litt an der Manulavomanie, wie er scherzte, der Händewaschsucht; er litt aber auch an einem vervielfachten Bedürfnis nach Komfort.« (A. Bonus, P. Göhre, in: Die Gesellschaft. Halbmonatsschrift für Litteratur, Kunst und Socialpolitik 15/1899, S. 12–25, S. 21). »Göhre hielt es physisch und moralisch nicht länger in Chemnitz aus. Das ›zeitlebens Arbeiter‹ war als unmöglich erfahren.« (M. Rade, P. Göhre, Sp. 612).

30. P. Göhre an M. Rade am 7. 9. 1890, S. 1. (Göhre-Nachlaß. Friedrich-Ebert-Stiftung. Archiv der sozialen Demokratie, Bonn).

läßt Göhre zunächst mit vier Folgen in der ›Christlichen Welt‹ zu Wort kommen[31]. Nach anfänglich breit angelegten Darlegungen sieht sich der Verfasser eingangs der dritten Folge zu dem Eingeständnis gezwungen, »... daß ich bisher nicht in der Lage war, das überreichliche, jedoch ... etwas spröde Material schon zu bewältigen.« Die Ankündigung: »Eine erschöpfende Darstellung muß ich für die größere Arbeit aufsparen, mit der ich beschäftigt bin«[32], wird wenig später vom Herausgeber der ›Christlichen Welt‹ in einer redaktionellen Notiz bestätigt[33]. Durch die genannten Vorveröffentlichungen vorbereitet, erscheint der Erfahrungsbericht Anfang Juni 1891 als Buch: ›Drei Monate Fabrikarbeiter und Handwerksbursche. Eine praktische Studie von Paul Göhre. Kandidaten der Theologie, Generalsekretär des evangelisch-sozialen Kongresses in Berlin‹. Noch im Erscheinungsjahr muß das zweite Zehntausend dieser Schrift aufgelegt werden; nach Göhres Angaben werden 24000 Exemplare verkauft[34]; es folgen Übersetzungen ins Holländische, Schwedische, Dänische und Englische[35]; 1913

---

31. P. Göhre, Drei Monate Fabrikarbeiter und Wandergeselle, in: ChW 4/1890, Sp. 934–937. 956–960. 978–983. 1030–1035. – In die spätere Buchveröffentlichung *nicht* aufgenommen sind die folgenden, in der ›Christlichen Welt‹ publizierten Materialien: P. Göhre, Aus dem Liederbuche der Sozialdemokraten, in: ChW 4/1890, Sp. 1096–1102. 1114–1117; Ders., Zwei Gespräche in der Fabrik, in: ChW 5/1891, Sp. 19–22.

32. P. Göhre, Drei Monate Fabrikarbeiter und Wandergeselle, Sp. 978.

33. »Bei der Aufmerksamkeit, welche die Artikel ›Drei Monate Fabrikarbeiter und Wandergeselle‹ weit über den Leserkreis dieses Blattes hinaus erregt haben, wird es nicht überflüssig sein, mitzuteilen, daß der Verfasser, Herr cand. theol. Paul Göhre, sich außer Stande sieht, die ganze Summe seiner Erlebnisse und Erfahrungen im Rahmen von Zeitungsartikeln niederzulegen, sondern dies einer besonderen Veröffentlichung vorbehalten muß.« (M. Rade, in: ChW 4/1890, Sp. 1096. Anmerkung).

34. So übereinstimmend: M. Rade, P. Göhre, Sp. 612; G. Wünsch, Die Bedeutung P. Göhres für die Religion des Proletariats, S. 118.

35. P. Göhre, Drie maanden fabriksarbeider. Een praktische Studie. Vert. door H. Mercier, Amsterdam 1891; P. Göhre, Tre måneder såsom fabriksarbetare och handtverkslärling. En praktisk studie. Öfversättning från Tyskan af Olof A. Stridsberg, Stockholm 1891; P. Göhre, Fabrikarbejder i tre Maaneder. Oversat af N. Johan Laursen, Aarhus 1893; P. Göhre, Three

erscheint eine Volksausgabe mit unverändertem Text, in einem neu beigegebenen ›Vorwort‹ äußert sich Göhre rückblickend zu seinem Buch:

»Als ich es schrieb, stand ich am Anfang meiner öffentlichen Wirksamkeit. Seitdem bin ich Wege gegangen, die ich damals noch nicht für möglich hielt. Vieles und Entscheidendes aus dem Buche könnte ich heute nicht mehr oder doch nicht mehr so wie damals niederschreiben. Dennoch soll alles ungeändert stehn bleiben. Denn so, wie es dasteht, ist es doch der Spiegel einer interessanten Zeit. Jener Zeit, wo das Interesse an dem sozialen, dem Arbeiterproblem allgemein ward. Das Buch selbst darf sich rühmen, dies Interesse mit erweckt und gefördert zu haben. Und zwar dadurch, daß es rücksichtslos die Wahrheit über die Verhältnisse in der Arbeiterklasse einer bestimmten Landschaft zu erforschen und darzulegen sich bemühte«[36].

Derart ist es der Verfasser selbst, der ›Drei Monate Fabrikarbeiter‹ noch zu seinen Lebzeiten als ein historisches Dokument ansieht; ein Urteil, bei dem es zu beachten gilt, daß Göhre zur Zeit dieses Vorworts bereits 13 Jahre als sozialdemokratischer Politiker tätig und bekannt ist, der u. a. seit 1904 wiederholt zum Massenaustritt aus den Landeskirchen aufgefordert hatte[37] – dies alles mag mit ein Grund dafür gewesen sein, daß dieses »kühne Buch« in Theologie und Kirche alsbald in Vergessenheit geriet. Als Göhre 1928 stirbt, erinnern die Gedenkartikel zu seinem Tod ein letztes Mal an die

---

months in a workshop. A practical Study. Translated by A. B. Carr. With a pref. note by Richard T. Ely, London 1895.

36. Leipzig 1913 (Vorwort zur Volksausgabe).

37. P. Göhre, Zum Kampf um die Schule, in: Sozialistische Monatshefte 8/1904, S. 945–954; Ders., Kirche und Kirchenaustrittsbewegungen, in: Sozialistische Monatshefte 13/1909, S. 301–305; Ders., Die neueste Kirchenaustrittsbewegung, Berlin 1909. – *Vgl. dazu u. a.*: H. Pankow, Massenaustritt aus den Landeskirchen?, in: ChW 20/1906, Sp. 393–398; W. Schneemelcher, Austritte aus der Landeskirche, in: Evangelisch-Sozial 6/1909, S. 395–397; 7/1910, S. 25–29. 57–64. 156–164; K. Vorländer, Sozialdemokratische Pfarrer, S. 465 f.; H. D. Ermel, Die Kirchenaustrittsbewegung im Deutschen Reich 1906–1914. Studien zum Widerstand gegen die soziale und politische Kontrolle unter dem Staatskirchentum. Diss. phil., Köln 1971.

Bedeutung dieser »ersten deutschen ›Sozialreportage‹«: »In seinem berühmt gewordenen Buch ... schildert Göhre mit unerbittlichem Wahrheitsdrang und unerhörtem Realismus die Umwelt und Innenwelt der damaligen Fabrikarbeiterschaft, ihre Arbeitsverhältnisse, ihre materielle Lage, ihre politische Gesinnung, ihre sittlichen Zustände, ihr Bildungsniveau und ihre Stellung zum Christentum. Kirchlichen und bürgerlichen Kreisen erschloß sich durch dieses kühne Buch ... eine ganz unbekannte Welt, an der sie achtlos vorübergegangen waren, obwohl diese Welt dicht neben ihnen stand«[38]. In diesem Sinn erinnert sich auch O. Dibelius: »Mit brennenden Augen haben wir es als junge Studenten gelesen: Paul Göhres Büchlein ›Drei Monate als Fabrikarbeiter‹ ... Was er schrieb, war für viele eine Offenbarung. Eine Welt war entdeckt, eine Welt ohne Seele ...«[39].

Das positive Echo dieser späten Rückerinnerungen darf jedoch nicht darüber hinwegtäuschen, daß die *zeitgenössische* Reaktion auf dieses Buch theologisch äußerst kontrovers verlief. Während die liberalen Theologen, unter ihnen M. Rade, ihre *Zustimmung* äußern: »Das Buch hat meine nicht niedrig gehaltenen Erwartungen um vieles übertroffen«[40], reagieren die positiven Theologen, allen voran der Greifswalder Systematiker H. Cremer, mit strikter *Ablehnung*: »Ich beklage ... (diese) Veröffentlichung aufs tiefste«; *und*: »... es (ist) ein ganz falscher Gedanke, daß man selbst Hacke und Spaten oder Schlägel und Eisen in der Hand geführt haben müsse, um das Fühlen und Denken der Arbeiterwelt zu verstehen. Viel mehr Fähigkeit zu verstehen giebt schon der eigne Besuch der Volksschule in der Jugend und die Militärdienstzeit. Wirkliches volles Verständnis aber giebt nur die dienende Liebe«[41]. *Dort* der Rezensent der ›Theologischen Literaturzeitung‹: »Die Schrift hat bei ihrem Erscheinen großes Aufsehen erregt. Mit Recht. Sie brachte etwas ganz Außerge-

38. J. Herz, P. Göhre, in: Zeitwende 5/1929, S. 182–185, S. 182f.

39. O. Dibelius, in: Der Tag vom 10. 6. 1928 (Sonntagsspiegel).

40. M. Rade, Drei Monate Fabrikarbeiter und Handwerksbursche, in: ChW 5/1891, Sp. 579–581, Sp. 579.

41. H. Cremer, Die Predigtaufgabe unsrer Kirche gegenüber der Sozialdemokratie, in: ChW 6/1892, Sp. 1035–1040. 1047–1049, Sp. 1035f.

wöhnliches«[42], *hier* der Kommentar der ›Norddeutschen Allgemeinen Zeitung‹, der das Buch als eine »religiös aufgestutzte, sozialistische Phantasterei« bezeichnet und »von den Leitern des Evangelisch-sozialen Kongresses eine Zusicherung darüber verlangt, daß sie mit den Zwecken und Zielen ihres Generalsekretärs nichts gemein haben«[43] – faßt man die zeitgenössische Reaktion zusammen, so bestätigt sie die Prognose von M. Rade, der gleich bei Erscheinen von ›Drei Monate Fabrikarbeiter‹ geschrieben hatte: »Widerspruch mag es wecken, gleichgiltig kann es nicht lassen.«[44]

6. ›Geistliche Spionage‹, ›theologisches Abenteurertum‹: Nachfolger Göhres

Derart umstritten, wird Göhre, der das Buch seinen »ehemaligen Arbeitsgenossen in der Fabrik gewidmet« hatte (»... als ein Zeichen des Gedenkens, der aufrichtigen Liebe und Zuneigung, die ich immer gegen sie hegen werde. Sie mögen darin das Bekenntnis sehen, daß ich meine ganze Lebenskraft in den Dienst ihrer Sache stellen will«), nicht nur bekannt, sein Beispiel macht Schule – wozu der Autor in seinem »Appell an meine Alters- und Standesgenossen« selbst aufgerufen hatte: »Ich bitte sie dringend, es mir nachzuthun, allein oder zu zweien, aber mit offnem Visier, zu keinem andern Zwecke, als die ärmern Mitbrüder und ihre Lage, ihre Gedanken, ihre Sorgen und ihr Sehnen kennen zu lernen ...« (13). Bereits zwei Jahre nach diesem Appell erscheint unter dem Titel ›Aus meinem Wandertagebuch‹ ein zweiter Erfahrungsbericht; sein Verfasser, der Betheler Kandidat Theodor Wangemann[45], war mit F. v. Bodel-

42. W. Stamm, P. Göhre: Drei Monate Fabrikarbeiter und Handwerksbursche, in: ThLZ 17/1892, S. 18–19, S. 18.

43. Zit. n.: Habent sua fata libelli (Redaktionsartikel), in: ChW 5/1891, Sp. 789–792, Sp. 790.

44. M. Rade, Drei Monate Fabrikarbeiter und Handwerksbursche, Sp. 580.

45. Th. Wangemann, Aus meinem Wandertagebuch, in: Die Arbeiter-Kolonie 10/1893, S. 257–280. 321–323. 353–362; 11/1894, S. 5–15. 33–38. 65–69. (Die angekündigten Fortsetzungen fallen ohne weitere Erklärung aus). – *Zu Th. Wangemann vgl.*: E. Bansi, Mein Leben. Der Erinnerungen II.

schwinghs Einverständnis[46] im Laufe des Jahres 1892 drei Monate lang als arbeitsloser ›Kunde‹ auf der Walze gewesen, ehe er von einem Gendarmen entdeckt wird[47]. Wenn auch Göhre selbst nicht erwähnt wird, so sind es doch dieselben Motive, von denen auch Wangemann sich leiten läßt:

Teil, Quedlinburg 1931, S. 36f.; M. Gerhardt/A. Adam, F. v. Bodelschwingh. Ein Lebensbild aus der deutschen Kirchengeschichte, Bd. II, 2, Bethel 1958, S. 295ff.; K. E. Pollmann, Landesherrliches Kirchenregiment und soziale Frage, S. 192–195. 197. Für den folgenden Abschnitt betreffende Hinweise haben die Herausgeber Frau Pastorin G. Imort (Hauptarchiv der v. Bodelschwinghschen Anstalten, Bethel) ebenso zu danken wie den Herren stud. theol. U. Emde und F. Wiegand (Marburg).

46. »... es (war) ein alter Wunsch des Begründers der Arbeiter-Kolonien und Beförderers des Stationswesens, der selbst einst in Verkleidung auf die Walze gegangen war, daß einer seiner Kandidaten einige Zeit hindurch die Leiden und Freuden eines Arbeitslosen teilen, und seine Erfahrungen für die wichtige Sache nutzbar machen möchte« (Th. Wangemann, a. a. O., S. 258). *Vgl. auch F. v. Bodelschwinghs briefliche Anfrage*: »Ich kann es Ihnen aber nun nicht schenken, daß Sie uns Ihr Material Ihrer verschiedenen Pilgerfahrten nun wirklich einigermassen geordnet zukommen lassen. Es ist das doch auch unser Eigentum ... Es kommt mir ... keineswegs auf etwas Systematisches, sondern auf ganz konkrete Tatsachen an, welche uns Ihre Pilgerfahrt ins Licht gestellt hat. Ich wollte so gern einige Abschnitte davon für unsere ›Arbeiterkolonie‹ haben« (F. v. Bodelschwingh an Th. Wangemann. Brief vom 20. 1. 1893. *Fundstelle*: v. Bodelschwinghsche Anstalten, Hauptarchiv; Akte ›Wangemann‹).

47. So die Meldung der ›Norddeutschen Allgemeinen Zeitung‹ vom 8. 11. 1892. (*Fundstelle*: Akten des EOK, Gen. XII, 77, Vol. II, Bl. 96). Der ›Reichsbote‹ äußert sich am 10. 11. 1892, indem er unter dem Titel ›Politische Nachrichten‹ »gegen die Simulierungsreisen von Kandidaten der Theologie« wie folgt Stellung nimmt: »Wir können es nur bedauern, daß das Odium (sc. der Unwahrhaftigkeit) wieder auf die Kirche und das Christentum fällt, weil es Kandidaten der Theologie sind, welche sich zu solchen unnützen und nach allen Seiten hin bedenklichen Experimenten hergeben. Was die jungen Herren erforschen können, weiß man längst; jeder Geistliche, der sich um seine Gemeinde, insbesondere um die Armen und die Arbeiter kümmert, kennt die Leute besser, als sie ein solcher verkappter Kandidat der Theologie während ein paar Wochen in der Werkstatt und Kneipe kennen lernen kann. Wir halten es für geradezu geboten, daß die Kirchenbehörde den Kandidaten

»Wie lehrreich (mußte es sein), ... die *Folgen* des Arbeitsloswerdens selbst zu durchleben, die Not dieser Bedauernswerten am eigenen Leibe zu erfahren, um *mit ihren Augen* die Verhältnisse betrachten zu lernen. ... So kam es, daß ich mich entschloß, für einige Zeit umzusatteln und ... als Arbeitsloser unter die Arbeitslosen zu gehen.«[48]

Der ›Fall Wangemann‹ löst kirchlicherseits Unruhe aus. Der ›Evangelische Oberkirchenrat‹, der Wangemann »bei Untersagung der Fortsetzung ähnlicher Wanderungen ein(en) ernsthafte(n) Verweis ertheilt«, wendet sich nicht nur an den Leiter des Betheler Kandidatenkonvikts, indem er – von der Frage ausgehend, »ob in Bielefeld derartige Wanderungen von Kandidaten der Theologie in der Verkleidung arbeitsloser Handwerker bzw. Arbeiter als ... zur praktischen Vorbildung« gehörig angesehen werden – Bodelschwingh gegenüber die Feststellung trifft, »daß eine Beschäftigung von landeskirchlichen Kandidaten der Theologie in der angedeuteten Weise für unzulässig erachtet werden muß«[49]; der EOK läßt sich darüber hinaus von den landeskirchlichen Konsistorien über das Ausmaß solcher Recherchen unterrichten, die als »geistliche Spionage« und als theologisches »Abenteurertum« strikt verurteilt werden[50], *denn:*

»Ein Theologe, der auf selbsterwähltem Weg arbeitslos geworden, öffentliche oder private Hülfe in Anspruch nimmt, während er doch eigentlich nicht hilflos ist, fällt aus der Lauterkeit und Wahrhaftigkeit des evangelischen Christenwandels; er übernimmt die bedenkliche Rolle tendenziöser Beob-

---

solche Simulierungsreisen verbietet, widrigenfalls sie auf keine Anstellung im Kirchendienst rechnen können: die Kirche darf auf ihre Geistlichen nicht den Schatten des Simulantentums fallen lassen. Dazu ist das geistliche Amt zu heilig!« (v. Bodelschwinghsche Anstalten, Hauptarchiv, Akte ›Wangemann‹).

48. Th. Wangemann, a. a. O., S. 258.

49. EOK an Pastor von Bodelschwingh am 28. 6. 1894 (Nr. 3591^{II} EO., Bl. 1 f.; v. Bodelschwinghsche Anstalten, Hauptarchiv. Akte ›Wangemann‹: D. III W 2).

50. Kons. Rheinpr. an EOK am 6. 3. 1894; Kons. Westpr. an EOK am 6. 3. 1894 (Akten des EOK. Gen. XII, 77, Vol. II). Vgl. auch K. E. Pollmann, a. a. O., S. 192.

achtung, wenn er die Maske eines Arbeitslosen benutzt ... (er) geräth ... nicht nur in die Gefahr selbstgerechter Ueberhebung, sondern auch in die Versuchung, einzelne Erlebnisse als Ankläger ganzer Berufsstände und Klassen der Gesellschaft zu verwerthen, durch Veröffentlichung seiner einseitigen Erfahrungen die soziale Mißstimmung nur noch zu erhöhen, und das Ansehen des geistlichen Standes zu schädigen.«[51]

Dieses mit Datum vom 28. 6. 1894 versehene Schreiben an Pastor von Bodelschwingh steht schon ganz »im Zeichen der den ›neuen Kurs‹ ablösenden Repressionspolitik der Reichsregierung, die sich seit 1894 gegen alle der Sozialdemokratie freundlichen Tendenzen richtete«[52]; wenige Monate später macht das Kirchenregiment endgültig Front gegen die sozialpolitische Bewegung der Geistlichen, die durch seine Erlaßpolitik des Jahres 1890 ausdrücklich unterstützt worden ist[53]. »Jeder Versuch des Geistlichen, maßgebend und

---

51. EOK an Pastor von Bodelschwingh am 28. 6. 1894, Bl. 2f. (vgl. Anmerk. 49).

52. Th. Strohm, Kirche und demokratischer Sozialismus. Studien zur Theorie und Praxis politischer Kommunikation, München 1968, S. 47.

53. »Wir halten an den dort (sc. im »Rundschreiben an die Geistlichen vom 17. April 1890) entwickelten Gesichtspunkten im allgemeinen fest. Nur insofern bedürfen nach den inmittelst gewonnenen Erfahrungen die im Jahre 1890 erteilten Weisungen einer Einschränkung, als wir damals die Hoffnung hegen durften, daß eine unmittelbare Beteiligung der Geistlichen an sozialpolitischen Versammlungen, verbunden mit Rede und Gegenrede, dazu beitragen werde, Vorurteile zu zerstreuen und einer friedlichen Fortentwicklung Raum zu schaffen. Die Erfahrung hat gezeigt, daß dieser Erfolg nur in seltenen Fällen erreicht ist. Die Geistlichen sind häufig nicht imstande gewesen, einer sich tumultuarisch geltend machenden Agitation Herr zu werden und gegenüber der Parteileidenschaft ihre Person, sowie die Würde des geistlichen Amtes vor kompromittierenden Angriffen zu bewahren. Sie haben auch der Versuchung unbesonnener Parteinahme für die Forderungen einer einzelnen Bevölkerungsklasse nicht immer widerstehen können.« (Zirkularerlaß des EOK, betreff Beteiligung der Geistlichen der evangelischen Landeskirche an sozialpolitischen Agitationen vom 16. 12. 1895; *abgedruckt in*: G. Brakelmann, a. a. O. [vgl. Anmerk. 9], S. 189–193. Zitat: S. 191). *Zur Interpretation dieses Erlasses vgl.*: P. Gennrich/E. v. d. Goltz, H. von der Goltz, a. a. O. (vgl. Anmerk. 9), S. 156ff.; K. E. Pollmann, a. a. O., S. 157–273.

insbesondere außerhalb seines Amtsbereichs auf die dem kirchlichen Gebiete fremden öffentlichen Angelegenheiten einzuwirken, noch mehr jede Parteinahme für die Forderungen ... der einen oder anderen Gesellschaftsklasse muß das Ansehen des Geistlichen bei den anderen Gemeindegliedern schädigen, während er zur Erfüllung seines Berufes des Vertrauens aller Gemeindeglieder bedarf.«[54] Der Präsident des EOK rechtfertigt seinen Erlaß (»Wir haben ja Geistliche genug gehabt, die dicht davor standen, in das sozialdemokratische Lager überzugehen ...«), indem er – ohne Wangemanns Namen zu erwähnen – erklärt:

»Meine Herren, der Herr Synodale Stoecker ist zugegen gewesen in einer Versammlung, wo ein junger Mann erzählte über eine Reise, die er im Kleide eines Handwerksburschen gemacht hätte; eine Reise, welche sehr bedenkliche Resultate gezeitigt hat, wo er öffentlich Vorträge gehalten und den Versuch gemacht hat, bei Polizeibehörden, Geistlichen usw. nachzuforschen, in welcher Weise sie ihr Amt ausfüllten, (Heiterkeit) ob sie namentlich den Armen und Elenden gegenüber an Hilfsbereitschaft es nicht fehlen ließen ... Wenn man nun erfährt, daß derartige sehr bedenkliche Erscheinungen *sich mehren* – Sie haben gehört, daß die Generalsuperintendenten und Konsistorialpräsidenten hier gesagt haben: der Fälle sind *wenige*; aber sie sind die Explosionspunkte einer vorhandenen Spannung ...... Meine Herren, wenn so etwas vorkommt, da wäre es geradezu pflichtwidrig gewesen, hätten wir nicht einen Mahnruf ergehen lassen, nicht um den einzelnen Mann zu strafen, sondern um allgemein unsere der Verführung ausgesetzten jungen Geistlichen zu warnen (Sehr wahr!).«[55]

---

54. a. a. O., S. 192.

55. Debatte auf der Preußischen Generalsynode von 1897 über die Stellungnahme der Geistlichen zu der sozialpolitischen Bewegung; *abgedruckt in*: G. Brakelmann, a. a. O., S. 193–216, S. 203, S. 205 f.; (Hervorhebung d. Verf.). Mit der hier erwähnten ›Versammlung‹ ist der 4. ›Evangelisch-soziale Kongress‹ gemeint, auf dem D. Braun gewarnt hatte: »Was bei ihm (sc. »bei dem bekannten, ich darf wohl sagen, berühmten Versuch unseres verehrten Generalsekretärs Göhre«) eine originelle und wertvolle That war, dürfte nicht irgendwie zum Gesetz gemacht und dürfte nicht einmal zur Nachahmung empfohlen werden, denn es würde eine Kopie und würde das Mißtrauen der arbeitenden Klassen erregen, das schon bei diesem Versuch nachher von Spionage sprach – ganz unberechtigt allerdings. Quod licet Jovi, unserem Freund Göhre, non licet bovi« (D. Braun, Die Annäherung der Stände in

Daß der Königliche Kommissarius für die ›*sich mehrenden*‹ bedenklichen Erscheinungen nur ›*wenige* Fälle‹ namhaft zu machen weiß[56], ist ein deutlicher Hinweis dafür, daß das Kirchenregiment willens ist, den »Treiberein auf politischem oder sozialem Gebiet«[57] »*mit allen Mitteln* ein Ende zu setzen«[58]. Mit der Ausnahme Th. Wangemanns ist daher von den unmittelbaren Nachfolgern Göhres[59] kei-

---

der Gegenwart, in: Die Verhandlungen des 4. Evangelisch-sozialen Kongresses, Berlin 1893, S. 63–88, S. 86). *Th. Wangemann reagiert in einer mündlichen Diskussionsäußerung wie folgt*: »Ich möchte mich Ihnen als den Ochsen vorstellen, der im Gegensatz zu dem Jupiter Göhre genannt wurde, und wünsche diesem Rindvieh recht zahlreiche Verbreitung. Als ich als Handwerksbursche durch Hannover, Oldenburg und Hamburg wanderte, machte ich die Bemerkung, daß die Herren, die sich mir bis dahin immer als Muster von Charitas vorstellten, nun auf einmal in ganz anderem Licht erschienen. Dieselben Herren, die sonst sehr liebenswürdig und freundlich gegen mich gewesen waren, begegneten mir, wenn ich als Hilfsbedürftiger an ihre Thür klopfte, sehr unfreundlich. Und doch habe ich nicht gebettelt, sondern nur um Arbeit gefragt. In Hamburg hörte ich am ersten Feiertage einen vielgenannten Geistlichen eine Stunde lang sehr schön über die christliche Liebe reden. Ich hatte mir die Füße wund gelaufen und ging nach der Kirche zu ihm, um ihn um etwas Pflaster und Salbe zu bitten. Ich wurde aber von ihm wie von den meisten Geistlichen einfach hinausgeworfen. Ich habe mich die drei Monate hindurch ehrlich bemüht, Arbeit zu suchen; ich habe aber nicht eine Stunde Arbeit bekommen« (Th. Wangemann, Diskussionsäußerung, a. a. O., S. 101 f.).

56. Vgl. den Bericht des Kons. Westf. an EOK am 3. 3. 1894: »Der Kandidat Wangemann, welcher unsere Provinz durchzog, gehörte unserer Provinz nicht an, Göhre auch nicht, und der Gymnasial-Oberlehrer Professor Perthes in Bielefeld ist Rheinländer und ganz zum Schulfach übergegangen.« (Akten des EOK, Gen. XII, 77, Vol. II, Bl. 209).

57. EOK an die KonsPräs. und GenSup. am 19. 11. 1895 (Akten des EOK, Gen. III, 17,1; zit. n. K. E. Pollmann, Landesherrliches Kirchenregiment und soziale Frage, S. 195).

58. K. E. Pollmann, a. a. O; (Hervorhebung d. Verf.).

59. M. Wettstein-Adelt, 3½ Monate Fabrik-Arbeiterin, Berlin 1893. »In meinen Bestrebungen hat mir, zwar indirekt, aber dennoch als Bahnbrecher, Paul Göhre, der Verfasser von ›3 Monate Fabrikarbeiter und Handwerksbursche‹ ... den Weg gewiesen; ihm verdanke ich die Idee, er war mein Pionier. Sobald der Plan in mir gereift war, gleich Göhre als Arbeiterin unter Arbeite-

ner mehr ein Theologe gewesen. *Zusammenfassend*: »Das kirchenregimentliche Einschreiten gegen die sozialpolitische Bewegung hat seine Wirkung unter den Geistlichen nicht verfehlt.« *Und*: »In welchem Grade zwischen dem unterdrückten und verdrängten ›*Pastorensozialismus*‹ der Zeit um 1895 und dem in den folgenden Jahren bis in den ersten Weltkrieg hinein anwachsenden ›*Pastorennationalismus*‹ eine direkte Verbindung besteht, ... wird schwerlich genau zu bestimmen sein. Zu leugnen ist diese Beziehung jedoch nicht.«[60]

7. Methodologische und theologische Kontroversen

Die Aufgeschlossenheit für die soziale Welt, so sehr sie unter dem Einfluß der Theologie A. Ritschls für die liberalen Richtungen des Protestantismus bestimmend war, ist theologisch *stets* umstritten gewesen. An Göhre haben sich, schon bevor er sich von der evangelischen Kirche trennte, theologisch die Geister geschieden. Fast vierzig Jahre nach dem Erscheinen von ›Drei Monate Fabrikarbeiter‹ erinnert sich J. Herz, damals Generalsekretär des ›Evangelisch-sozialen Kongresses‹: »Das Buch wirkte teils aufrüttelnd, teils erschreckend; die einen stimmten dem Verfasser dankbar zu, die anderen empfanden sein Vorgehen als störend und unbequem«[61] – ein Sachverhalt, der zu der Frage Anlaß gibt, *warum* Göhres »Vorgehen« als »störend und unbequem« empfunden wurde. Diejenigen, die gegen ›Drei Monate Fabrikarbeiter‹ angehen, beklagen zunächst

---

rinnen zu leben, machte ich mich ans Werk, um ihn auszuführen.« (M. Wettstein-Adelt, a. a. O., S. 1); E. Gnauck-Kühne, Die Lage der Arbeiterinnen in der Berliner Papierwaren-Industrie. Eine sociale Studie (Schmollers Jahrbuch, N. F. Bd. XX, 2), Leipzig 1896. (Vgl. auch: Dies., Die soziale Lage der Frauen, in: Die Verhandlungen des 6. Evangelisch-sozialen Kongresses, Berlin 1895, S. 82–100). – *Zu E. Gnauck-Kühne vgl.*: H. Simon, E. Gnauck-Kühne. Eine Pilgerfahrt (Führer des Volkes. Eine Sammlung von Zeit- und Lebensbildern, 37. Heft), M. Gladbach 1928, insbes. S. 95–147.

60. K. E. Pollmann, a. a. O., S. 299, S. 301; (Hervorhebung d. Verf.)
61. J. Herz, a. a. O. (vgl. Anmerk. 38), S. 183.

die »jugendliche Unreife«[62] des Kandidaten der Theologie, der »*den* Pfarrern nichts Neues gebracht hat, die wirklich in und mit ihrer Gemeinde *leben* ...«; statt dessen

»... hat das Buch, obwohl es keine Geheimnisse enthüllt, vielfach auf Arbeiter und Arbeitgeber und auch in andern Kreisen den Eindruck gemacht, als verschmähten wir kein Mittel, auch das der Unwahrhaftigkeit nicht, um die Verhältnisse und Stimmungen der Arbeiterwelt auszukundschaften ... Ich begreife und ehre den Drang jugendlicher Begeisterung, der Göhre in die Fabrik getrieben hat ... Das aber hebt das Urteil über die Sache nicht auf, und ich bin überzeugt, daß in der viel ernsteren und schwereren Arbeit des Lebens auch für Göhre die Stunde kommen wird, wo sich ihm die Erkenntnis aufdrängt: der Weg, den ich gegangen, und den ich mit dem bedenklichen Mittel einer Unwahrhaftigkeit beginnen mußte, war falsch, denn es war nicht der gottgewiesene Weg des Berufs, und dazu stehen mir die Arbeiter zu hoch, als daß ich sie auch nur drei Monate lang unter einer Verkleidung bloß zum Objekt meiner Studien machen sollte.«[63]

Wie die voranstehende Passage zu zeigen vermag, entfaltet sich die Kritik an ›Drei Monate Fabrikarbeiter‹ zunächst als Kritik der ›ergebnislosen‹ und ›unwahren‹ *Methode*, der dieses Buch sich verdankt. M. Weber, mit einem Aufsatz ›Zur Rechtfertigung Göhres‹ an dieser Kontroverse beteiligt, hat gegen diese Art der Methodenkritik Einspruch erhoben; ebenso interessant wie die Argumente, mit denen er den Doppel-Vorwurf von ›Ergebnislosigkeit‹ und ›Unwahrhaftigkeit‹[64] als unbegründet zurückweist, ist die

62. H. Cremer, Die Aufgabe und Bedeutung der Predigt an der gegenwärtigen Krisis, Berlin ^{2}1892, S. 74.

63. H. Cremer, Die Predigtaufgabe unsrer Kirche gegenüber der Sozialdemokratie, Sp. 1035, Sp. 1037.

64. *Vgl. z. B.*: »Die in der That erstaunliche Kühnheit dieser Behauptung (sc. der Vorwurf, Göhres Buch habe denjenigen Geistlichen, welche »wirklich mit ihrer Gemeinde leben«, »nichts Neues« gebracht) ermißt, wer eine Ahnung von den außerordentlichen Differenzen in der geistigen Eigenart der verschiednen Schichten, Berufs- und örtlichen Gruppen der deutschen Arbeiterschaft hat. Ob man, selbst innerhalb der großen Industrie, mit Arbeitern aus lokal konzentrirten oder aus über das Land zerstreuten, aus technisch hochentwickelten und aufsteigenden oder aus niedergehenden Gewerben, mit organisirten oder unorganisirten Arbeitern ... zu thun hat: das sind

Feststellung, mit der Weber diese Diskussion für seine Person beendet: »Eine öffentliche Kritik solcher Art, eine Rezension nicht der Ansicht, sondern der Person ist auf andern Gebieten der Wissenschaft wohl kaum erhört«[65]. Die Gründe für die Vermutung, der Streit um dieses Buch werde als »Rezension der Person« seines Autors ausgetragen, lassen sich leicht rekonstruieren. Ein solcher Verdacht ist naheliegend angesichts des Unverständnisses, mit dem z. B. Göhres Entschluß, »unerkannt als einfacher Fabrikarbeiter« zu leben (15), der Lächerlichkeit preisgegeben wird: Sein Plan wird mit der »Einführung eines neuen Sports« verglichen; schon meint man voraussehen zu können, daß der »Reiz der Nachfolge dieses von Göhre eingeschlagenen Weges ... uns ganz gewiß demnächst von einem ... Predigtamtskandidaten ein Buch ... unter dem Titel ›Sechs Wochen auf der Walze‹ bringen wird, um uns mit dem Leben und Treiben der Handwerksburschen und Vagabunden in und außer der Herberge bekanntzumachen«[66]. Man spürt angesichts der falschen Ironie noch heute den Beifall, dessen sich eine solche Aburteilung offenkundig sicher sein konnte; und doch stellt das Mißtrauen, das Göhres ›autoptischer Recherche‹ entgegenschlägt, nur erst das rhetorische Vorspiel zu dem Vorwurf dar, der gegen Göhres *Theologie* erhoben wird. Der Kritiker, der über seine eigene theologische Position mit den Worten

---

so völlig verschiedne Dinge, daß es unbegreiflich bleibt, wie jemand, der diese Kategorien nicht *sämtlich* kennt, glauben will, aus der Schilderung der Lebensluft einer lokal begrenzten charakteristischen Gruppe ›nichts Neues‹ entnehmen zu können. Es kommt freilich darauf an, was man unter ›neu‹ versteht. Neue Ergebnisse für die theologische ›Logik‹ fehlen, neue ethische Begriffe sind nicht aufgedeckt; die spießbürgerliche Vorstellung, daß in der Arbeiterklasse finstre und geheimnisvolle Mächte am Werke seien, die es zu ›enthüllen‹ gelte, findet sich nicht bestätigt; und der Leser bleibt bei der Lektüre des Buches unter dem Eindruck, daß er es bei *dieser* Kategorie von Arbeitern mit Menschen seines eignen Fleisches und Blutes ... zu thun hat ...« (M. Weber, Zur Rechtfertigung Göhres, a. a. O. [vgl. Anmerk. 20], Sp. 1105; vgl. auch: a. a. O., Sp. 1106).

65. M. Weber, a. a. O., Sp. 1104.

66. H. Cremer, Die Predigtaufgabe unsrer Kirche gegenüber der Sozialdemokratie, Sp. 1056.

Auskunft gibt: »Entweder das alte Evangelium gewinnt aufs neue die Herzen, oder sie werden gar nicht gewonnen. Entweder wir glauben, was und wie unsere Väter geglaubt haben, denen wir das Evangelium verdanken, oder wir glauben nicht. Tertium non datur«[67], sieht es als Konsequenz dieses ›dramatischen Alternativdenkens‹ (G. Brakelmann) für erwiesen an, daß Göhre »die christliche Glaubenswissenschaft nach den Ergebnissen einer modernen Wissenschaft modelt, um dieselbe dem modernen Menschen einleuchtend zu machen.« Mit durchaus zeitgemäßer Begründung lautet daher das Urteil: »Es ist in der That ein inhaltlich *andres Evangelium*, für das hier Propaganda gemacht wird.«[68] Göhre ist gegen diesen ihn persönlich und theologisch diskreditierenden Vorwurf von M. Rade mit den Worten verteidigt worden:

»Das Schlimmste ist, daß Herr D. Cremer Göhres innerste Motive völlig verkennt. Für Göhre war seine Fabrikzeit das Gegenteil von einem Sport, einem Abenteuer, einer ›interessanten Episode‹ ... Indem Herr D. Cremer es ausschließt, daß ›die dienende Liebe‹ Göhre zum Fabrikarbeiter gemacht hat, ... greift er ihn härter an, als je ein Fabrikherr oder Sozialdemokrat gethan hat.« *Und*: »Endlich ein Allgemeines. Herr D. Cremer kennt die Autorität, die sein Wort mit Recht in weiten Kreisen hat. Ist ihm nie der Gedanke gekommen, wie schwer sich seine Hand auf den Kandidaten, dessen Werk er so ganz verurteilt, auf dessen Person und Lebensgang legen muß? Ist es nicht ein Mißstand, von dem es Zeit wird öffentlich zu reden, daß junge Theologen, je ernster und tiefer sie von den Fragen der Gegenwart bewegt sind, desto schwierigeres Fortkommen haben in der Kirche? Mir steht mehr als ein Beispiel vor der Seele. Eine edle Mittelmäßigkeit, ein schmiegsamer Konservativismus wird in maßgebenden Kreisen vielfach als höchste Tugend geschätzt, durch die ein Kandidat oder ein junger Pfarrer sich bewähren kann.«[69]

Die von Cremer, Weber und Rade geführte Kontroverse wird jedoch durch die methodologischen und theologischen Streitfragen,

---

67. H. Cremer, Die Aufgabe und Bedeutung der Predigt in der gegenwärtigen Krisis, S. 89.

68. H. Cremer, a. a. O. (vgl. Anmerk. 41), Sp. 1039f.; (Hervorhebung d. Verf.)

69. M. Rade, Zur Rechtfertigung Göhres, in: ChW 6/1892, Sp. 1109–1111, Sp. 1110f.

die sie explizit entfaltet, nur *unzureichend* gekennzeichnet; charakteristischer ist das von dieser Auseinandersetzung *Ausgefällte*, Göhres Versuch einer Neubestimmung im Verhältnis von ›Christentum und Sozialdemokratie‹, seine These: »Es muß der Grundsatz durch uns zur Thatsache gemacht werden, daß auch ein Sozialdemokrat Christ und ein Christ Sozialdemokrat sein kann« (111).

8. Christentum und Sozialdemokratie

›Soziale Frage‹ und ›Sozialdemokratie‹ – diese beiden Probleme, die seit Göhres ersten Aufsatzveröffentlichungen im Mittelpunkt seines Interesses stehen[70], werden in ›Drei Monate Fabrikarbeiter‹ miteinander in Beziehung gesetzt; die Beschäftigung mit der ›sozialen Frage‹ hat sich, so fordert Göhre, als Auseinandersetzung mit der ›Sozialdemokratie‹ zu vollziehen[71], *denn*:

»... was wir rundweg aussprechen müssen, ist die Thatsache, daß die ... deutsche Arbeiterbewegung ihren Ausdruck und ihre Repräsentation in der Sozialdemokratie hat ... Die deutsche Sozialdemokratie ist heute so wenig mehr zu beseitigen, als es die moderne Arbeiterbewegung überhaupt ist.« »Es ist darum ein Wahn, dem sich immer noch viele hingeben, zu meinen, daß es möglich sein könnte, sie (sc. die ›Sozialdemocratie‹) zu vernichten, auszuroden, aus der Welt zu schaffen.« (108).

Als Resumee seiner vor allem im fünften Kapitel (62–70) mitgeteilten Beobachtungen vertritt Göhre die »wohlüberlegte Ansicht«, daß die »zu einer geschichtlichen Notwendigkeit geworden(e)« Partei »auch

70. P. Göhre, Die gegenwärtige Entwicklung des Sozialdemokratismus zur anarchistischen Weltanschauung, in: ChW 3/1889, Sp. 447–453. 464–469; Ders., Der internationale Pariser Arbeiterkongreß, a. a. O., Sp. 657–661; Ders., Was thun wir gegen die Sozialdemokratie?, a. a. O., Sp. 978–983. 1003–1006; Ders., Die Erlasse des Kaisers, in: ChW 4/1890, Sp. 151–152.

71. *Vgl. dazu die von A. Stöcker vertretene Gegenposition*: »Sozialdemokratie und Arbeiterbewegung, Sozialdemokratie und soziale Reform sind himmelweite Unterschiede, die nicht vermischt werden dürfen.« (A. Stöcker, Unsere Stellung zur Sozialdemokratie, in: Ders., Christlich-Sozial. Reden und Aufsätze, Berlin ²1890, S. 194–215, S. 198).

in Zukunft noch wachsen ... wird« (108f.); von dieser Voraussetzung ausgehend, wird die theologische Interpretation der Sozialdemokratie zu einer ebenso unausweichlichen wie dringlichen Aufgabe. Für den von ›Drei Monate Fabrikarbeiter‹ vorgelegten Interpretationsversuch ist es entscheidend, daß Göhre sich dem sozialdemokratischen Thema unter einem *doppelten* Gesichtspunkt nähert. Die *erste* Annäherung läßt sich als *Zustimmung zur politischen Funktion der Sozialdemokratie* beschreiben; Göhre übernimmt von der Sozialdemokratie bestimmte Zielvorstellungen, die er, wie z. B. die Forderung nach dem Acht-Stunden-Tag (vgl. 77), als sozialpolitisch berechtigt anerkennt. Ein weiteres Indiz dieser zustimmenden Einstellung ist darin zu sehen, daß Göhre die Sozialdemokratie immer wieder gegen ungerechte, unbegründete oder unsachliche Angriffe verteidigt[72]. In diesem Sinn wehrt der Theologe den Versuch ab, den Zerfall von Ehe und Familie »der Wirkung sozialdemokratischer Degenerierung zuzuschieben« (98). Gegen den verbreiteten Vorwurf sich wendend, daß die Sozialdemokratie »die Ehe und das Familienleben aufzulösen unternimmt«[73], wird gefordert: »... an-

---

72. »Es ist noch nicht so lange her, daß man namentlich in gebildeten und in maßgebenden Kreisen ... die Gleichung Sozialdemokrat = Lump für eine selbstverständliche Wahrheit hielt und danach seine Taktik gegen die Sozialdemokratie einrichtete.« (P. Göhre, Zukunftsmusik, in: ChW 6/1892, Sp. 337–340. 358–364. 385–388, Sp. 385). »... auch dieser neuen großen Geisterbewegung (sc. der ›Sozialdemokratie‹) gegenüber« gilt es, »eine sachliche, vorurteilsfreie, gerechte, echt Lutherische Stellung zu gewinnen.« (P. Göhre, in: ChW 5/1891, Sp. 363; ebenso: a. a. O., Sp. 91).

73. A. Stöcker, a. a. O., S. 195 (These 4). »Besondere Sorgfalt muß unsre Seelsorge der Pflege des Familienlebens zuwenden. Denn die Familie ist das Gut, welches durch die Sozialdemokratie am Meisten bedroht ist. Erst wenn diese Grundlage menschlicher Gemeinschaft unterwühlt ist, ist die Bahn frei für den Krippenstaat der Zukunft.« (J. Gensichen. Wie ist dem Einbruch der Socialdemokratie in die ländliche Arbeiterbevölkerung wirksam entgegenzuarbeiten?, in: EKZ 126/1891, Sp. 420–425. 433–441. Sp. 424). *Und schließlich*: »Ich fasse die Sozialdemokratie auf als ein Zusammenfassen aller derjenige Elemente im Lande, welche von Gift, Haß und Neid gegen die besser situirten Klassen und gegen die Gesellschaftsordnung überhaupt erfüllt, alles mit Füßen treten, was dem Menschen heilig ist oder ihm wenigstens heilig sein sollte. (Sehr richtig! rechts.) Meine Herren, wenn von dieser Seite die

statt Klagelieder über den allerdings vorhandenen Verfall des alten christlichen Familienideals und Anklagen gegen die Sozialdemokratie zu erheben«, sollte man »in diesem Falle zuerst lieber mit daran arbeiten, daß die verhängnisvollen wirtschaftlichen Ursachen dieser Zustände endgiltig und dauernd beseitigt werden« (40f.).

Mit der These, daß die »Sozialdemokratie nicht nur eine politische Partei, ... sondern ihrem innersten Wesen nach die Verkörperung einer Weltanschauung ... ist« (110), ist der *zweite* thematische Aspekt genannt, die *Abgrenzung gegen die weltanschauliche Funktion der Sozialdemokratie*; abgewiesen wird der Gedanke der Revolution, der Göhres Beobachtungen zufolge für den »weitaus größte(n) Teil« (66) der überraschend kaisertreu eingestellten sozialdemokratischen Fabrikarbeiter[74] ebensowenig eine Rolle spielt

---

Heiligkeit der Ehe angegriffen, und die freie Liebe ... verherrlicht, wenn die Religion gelästert, der Meineid vertheidigt wird, wenn Mord und Todtschlag verherrlicht ... wird, – wenn alles das mit einer Rohheit der Sprache verbunden ist, die alles bisher Dagewesene übertrifft: dann muß ich doch sagen, daß diese Dinge in den Kreisen, wo sie Eingang finden, zu einer Demoralisation führen müssen, die schließlich den Menschen zur Bestie herabwürdigt. (Sehr richtig! rechts.)«. (Freiherr von Stumm-Halberg, Rede im Reichstag vom 10. 2. 1892, in: Stenographischer Bericht über die Verhandlungen des Deutschen Reichstags am 10. und 12. Februar 1892 betreffend die Maßregelung sozialdemokratischer Arbeiter in den Staatsbetrieben, Berlin 1892, S. 13). *Zu Stumm-Halberg vgl. u. a.*: Freiherr von Stumm-Halberg und die ev. Geistlichen im Saargebiet. Ein Beitrag zur Zeitgeschichte, hrsg. im Auftrage der Saarbrücker evangelischen Pfarrkonferenz, Göttingen 1896; A. Wagner, Mein Konflikt mit dem Großindustriellen und Reichstagsabgeordneten Freiherrn von Stumm-Halberg, Berlin 1895; H. Delbrück/G. Schmoller/A. Wagner, Über die Stumm'sche Herrenhaus-Rede gegen die Kathedersozialisten. Schreiben an den Geh. Justizrath D. Dr. Hinschius, Berlin 1897.

74. »Aber für die große Mehrzahl eben der (›sozialdemokratischen‹) Durchschnittsanhänger war doch der Kaiser eine durchaus sympathische, volkstümliche Gestalt« (66) – diese sozialdemokratisch-positive Einstellung zum Kaiser steht »in krassem Widerspruch zu den absolutistischen Vorstellungen« (G. Roth), in denen befangen Wilhelm II.– in einem Brief an den Kanzler Caprivi aus dem Jahr 1892 – die Sozialdemokraten als eine ›Bande‹ bezeichnet, mit der es als innerem Feind fertig zu werden gelte: »Aber

wie die sozialistische Internationale. Die ›*Revolution*‹, die Göhre als »Entfesselung aller Leidenschaften« begreift, als »Schrei der Wut, der Empörung, ... die alles zerstört, weil sie nichts für lebenswert findet, die an allem verzweifelt, weil sie an sich selbst verzweifeln mußte« (81); der ›*Internationalismus*‹, für den »jene erbärmliche, vaterlandslose, politische Gesinnung der Führer und Elitesozialdemokraten« kennzeichnend ist, »deren Humanitätsduselei zum schwächlichsten Kosmopolitismus und damit zur Verkennung und Proskribierung alles wahrhaft Patriotischen und patriotisch Notwendigen verführt« (65) – die Schärfe dieser Absagen wird nur noch von denjenigen Aussagen übertroffen, in denen Göhre die Sozialdemokratie als »Weltanschauung des konsequenten, *widerchristlichen Materialismus*« bekämpft (110; Hervorhebung d. Verf.). Es ist die von der sozialdemokratischen Agitation verbreitete »Lehre von der natürlichen Weltordnung im Gegensatz zur sittlichen, göttlichen ...« (61), die für den Theologen inakzeptabel ist. Sozialdemokratisch-materialistische Weltanschauung ist für Göhre der Versuch,

---

felsenhart ist mein Wille, und was ich für Recht erkannt, halte ich fest und kein Teufel, nicht einmal Fürst Bismarck, kann mich davon abbringen ... Wie oft haben meine Vorfahren – und noch zuletzt mein in Gott ruhender Großvater – geradezu gegen den Willen des unverständigen Volkshaufens Maßregeln durchfechten müssen, die erst bekämpft, dann bekrittelt, schließlich gesegnet worden sind! Was kümmert mich die Popularität ... Ja sogar der Sozialist meint, es ließe sich mit mir reden; na, mehr kann man in zwei Jahren nach ... dem Verschwinden des Sozialistengesetzes nicht erwarten. Unsre Zeit wird kommen, wie für jeden Mann ... Der Respekt wird schon kommen, er ist schon ›im Anmarsch‹ vor Ihrer Vornehmheit und meinem Gottvertrauen. Trauen Sie meiner Führung nur und fechten Sie da tapfer, wo ich Ihnen den Weg hinzeige, *dann wollen wir schon mit der Bande fertig werden hierbei sowohl als auch später in rebus militariis ...*« (Abgedr. in: H. Herzfeld, Berlin als Kaiserstadt und Reichshauptstadt. 1871–1945, in: Ders., Ausgewählte Aufsätze, Berlin 1962, S. 311 f.; Hervorhebung d. Verf.). *Dazu*: G. Roth, Die kulturellen Bestrebungen der Sozialdemokratie im kaiserlichen Deutschland, in: H.-U. Wehler (Hrsg.), Moderne deutsche Sozialgeschichte, Köln/Berlin 1966, S. 342–365. 530–540; Zitat: S. 534.

»... die ganze alte Bildung und Kultur, Christentum und Bibel aus Herz und Köpfen der Massen und aus der ganzen Welt hinauszufegen.« In der sozialdemokratischen ›Volkslitteratur‹ »findet sich kein Platz mehr für den Glauben an einen lebendigen, persönlichen Gott, der unser Vater ist, und an ein unsterbliches Leben. Sie erzählt nichts von Sünde und Schuld, von Gnade, Erlösung und Heiligung; an die Stelle des ewigen, heiligen Sittengesetzes stellt sie das kalte, starre Naturgesetz, an Stelle der Liebe das Solidaritätsgefühl, an Stelle des Ideals der Sittlichkeit die Macht der bloßen Sitte, die da wechselt mit den ökonomischen Verhältnissen des Volkes« (79f.). *Zusammenfassend*: »Und es ist in der That kein Ausweg übrig, wir müssen nach alledem anerkennen, daß der materialistisch-sozialdemokratische Einfluß nirgends so gründlich mit den überkommenen Anschauungen und Empfindungen der Arbeiter aufgeräumt hat, als auf dem religiösen Gebiete« (92).

Am Maßstab ihrer politischen und weltanschaulichen Optionen sich ausformulierend, bekräftigt das gleicherweise von *Zustimmung* und *Ablehnung* bestimmte Sozialdemokratieverständnis in dieser seiner *dichotomischen* Verfassung eine Einsicht, in der Göhre mit der ›Mehrzahl‹ der Mitarbeiter der ›Christlichen Welt‹ übereinstimmt, nämlich: »... daß heute kein Machtfaktor unsers Staates imstande ist, sie (sc. die ›Sozialdemokratie‹) beiseite zu räumen« und daß es daher »vielmehr allein noch darauf ankommt, ... die edeln von den unedeln Kräften in ihr zu scheiden«[75]. Zwischen der politischen Überzeugung, daß die Sozialdemokratie unabänderlich ist, und dem theologischen Motiv, sie zu verändern, besteht ein unauflöslicher Zusammenhang. *Begründung*: Da, die Sozialdemokratie »zu beseitigen« weder ›möglich‹ noch ›wünschenswert‹ ist, verbleibt als »möglich, wünschenswert und notwendig« nur der Versuch, »daß sie erzogen, geadelt und geheiligt wird« (108f.). Dieser Aufgabe sich zu stellen, verweist Göhre im Schlußsatz seiner Schrift auf die *Kirche* – ihr Ziel hat zu sein: »die Erziehung, die Veredlung, die Christianisierung der heute noch wilden, heidnischen Sozialdemokratie, und die Vernichtung ihrer widerchristlichen materialistischen Weltanschauung« (116).

Die Forderung nach ›Christianisierung‹ und ›Heiligung‹ ist terminologisch ein deutliches Indiz dafür, daß bei der Beurteilung der

---

75. P. Göhre, Zukunftsmusik, Sp. 385f.

Sozialdemokratie nicht *politische*, sondern *theologische* Kriterien den Ausschlag geben[76]; nicht nur, daß die »Sozialdemokratie, ... vom religiös-kirchlichen Standpunkte aus betrachtet, die erste große geistige Bewegung seit den Tagen der Reformation (ist)«, Göhre will »diese wunderbare geschichtliche Gelegenheit« als »Mittel eines neuen großen auch religiös-kirchlichen Fortschrittes« nutzen (113); seine Hoffnung ist, daß die Sozialdemokratie »bei richtiger Behandlung und Beeinflussung ... zu einem bedeutenden gottgewollten und gottgesegneten Faktor in der fortschreitenden Kulturentwicklung der Menschheit erzogen werden kann« (57). Wenn auch Göhres Versuch, die in ihren Entwicklungstendenzen positiv beurteilte Sozialdemokratie zu ›beerben‹, um derart »ihre heute bewußt atheistisch gesinnten Anhänger wieder zu frischen, frommen, fröhlichen Christenmenschen zu machen«[77], als gescheitert angesehen werden

---

76. Göhres politisches Sozialdemokratieverständnis kann anhand der impliziten Bewertungen rekonstruiert werden, wie sie insbesondere für das fünfte Kapitel ›Soziale und politische Gesinnung meiner Arbeitsgenossen‹ (62–70) charakteristisch sind: Die »überraschend freundliche Gesinnung« für ›Vaterland‹, ›Kaiser‹ und ›Heer‹, die Göhre zustimmend zur Kenntnis nimmt (65), die weitverbreitete Ablehnung von ›Revolution‹ (66f.) und ›demokratischem Republikanismus‹ (64) – diese Äußerungen lassen erkennen, daß Göhre im Modus empirischer Beobachtung schon hier jenes Programm einer *ins parlamentarische System des Königreiches integrierten, kaisertreuen, national gesonnenen und nicht mehr materialistischen Reformpartei* vertritt, dem auch seine spätere sozialdemokratische Tätigkeit verpflichtet ist. In diesem Sinn äußert sich Göhre Naumann gegenüber: »Aehnlich skeptisch stehe ich zu Deiner Bereitschaft, in die Sozialdemokratie einzutreten, – wenn – ›sie sich entschließt, positive vaterländische Politik zu treiben oder in sich zuzulassen‹; d. h. wenn ihre innere Umwandlung sich bereits völlig vollzogen hat. Dann aber ists keine Kunst mehr, und auch zwecklos geworden. Der Witz ist, einzutreten, jetzt oder bald, wo sie noch nicht soweit ist, um sie soweit zu bringen.« (P. Göhre an F. Naumann am 29. 1. 1899). *Zu Göhres politischer Position vgl. insbes.*: P. Göhre, Wie ein Pfarrer Sozialdemokrat wurde, a. a. O. (vgl. Anmerk. 3), S. 6ff. *Kritisch zu Göhres Position*: F. Mehring, Christenthum und Sozialdemokratie, in: Die Neue Zeit. Wochenschrift der deutschen Sozialdemokratie 19/1900–1901, S. 257–260.

77. P. Göhre, Aufgaben des evangelischen Pfarrers gegenüber der sozial-

muß, so steht doch außer Frage, daß sich mit ›Drei Monate Fabrikarbeiter‹ eine neue Bestimmung im Verhältnis von Christentum und Sozialdemokratie durchzusetzen beginnt; eine Bestimmung, die den von der *›satanologischen‹* Interpretation der Sozialdemokratie (»Der Charakter der Socialdemokratie ist satanisch ...«; ihr »Führer ... ist der Teufel«)[78] festgeschriebenen *Gegensatz* zum Christentum (»Hie Christ, hie Antichrist«)[79] theologisch aufzulösen sucht: »Die unbedingte Liebe, die der Christ von Christus gelernt und empfangen hat, ... stellt ihn mit unwiderstehlichem Drange allein an die Seite derer, die in materiellen, geistigen und sittlichen Nöten sind, zwingt ihn politisch einer der ihrigen zu werden ...«[80]. In diesem Sinn beschreibt Göhre, was gleicherweise auch F. Naumanns Überzeu-

---

demokratischen Agitation auf dem Lande, in: ChW 5/1891, Sp. 477–482, Sp. 482.

78. P. Kober, Die Socialdemokratie und ihr alleiniger Ueberwinder: das Wort Gottes, in: EKZ 126/1891, Sp. 541–549. 561–566. 582–585, Sp. 548: »Wir thun lauter Luftstreiche, wenn wir nur gegen die menschliche Socialdemokratie kämpfen wollen! Wir haben nicht mit Fleisch und Blut zu kämpfen, sondern mit Fürsten und Gewaltigen, nämlich mit den Herren der Welt, die in der Finsterniß dieser Welt herrschen, mit den bösen Geistern unter dem Himmel. Das ist durchaus festzuhalten. Der Charakter der Socialdemokratie ist satanisch, also antichristlich, und daher dürfen wir ... ihre Macht um Gottes Willen nicht unterschätzen. Der Führer der Socialdemokraten heißt nicht Bebel, auch nicht Liebknecht, auch nicht Singer, der Führer ist der Teufel ...«

79. a. a. O., Sp. 562: »Das liegt doch auf der Hand, daß in diesen letzten Jahrzehnten des 19. Jahrhunderts der Satan seine Heere sammelt, und sie zur Schlachtordnung aufstellt, um die Schlacht von Harmageddon vorzubereiten ... Es spitzt sich Alles zu zu dem Schlachtrufe: Hie Christ, hie Antichrist! ... Es wäre eine Sünd' und Schande, wenn die, die sich Christen nennen, müßig zusehen wollten, wie die Socialdemokratie unsern Volkskörper mehr und mehr vergiftet, und alle christlichen Lebensordnungen untergräbt.« *Mit anderen Worten*: »Es gilt einen Kampf auf Leben und Tod gegen diese ganze Weltanschauung ...« (DEKZ 7/1893, S. 481), *denn*: »Wir halten ... Sozialdemokratie und Kirche für ausschließende Gegensätze« (Zum fünften evangelisch-sozialen Kongreß, in: DEKZ 8/1894, S. 189), *bzw.*: »Also: ein Christ kann nicht Sozialdemokrat sein, oder er verleugnet sein innerstes Wesen« (Christentum und Sozialdemokratie, in: DEKZ 8/1894, S. 209–211, S. 211).

80. P. Göhre, Die evangelisch-soziale Bewegung, S. 104.

gung charakterisiert: »Was wir ... von der Sozialdemokratie übernehmen müssen, ist der Gesichtspunkt ›von unten her‹. Wir bearbeiten die soziale Frage vom Standpunkte der Bedrängten, für die Bedrängten und mit den Bedrängten. Nur so sind wir ehrlich ›Christlich-Sozial‹.«[81]

Um dieser Position willen hat Göhre den in ›Drei Monate Fabrikarbeiter‹ formulierten Grundsatz, »daß auch ein ... *Christ Sozialdemokrat* sein kann«, durch sich selbst »zur Thatsache gemacht« (111)[82]; nach einer Phase der Tätigkeit im ›National-sozialen Verein‹[83] ist dieser Theologe zur Sozialdemokratie übergetreten. Obwohl im Konflikt mit dem kirchlichen Christentum aus dem geistlichen Stande ausscheidend[84], ist Göhre alles andere als ein christlicher Renegat: Hatte er sich als evangelischer Christ dafür eingesetzt, daß der »sozialdemokratischen Bewegung gegenüber künftig ... die rechte, freie, evangelische Stellung herausgearbeitet wird«[85], so tritt er nun als Sozialdemokrat für sein evangelisches Christentum ein. »Ich erkläre nämlich gleich hier, an erster Stelle«, so heißt es in der

---

81. F. Naumann, Christlich-Sozial, in: Ders., Was heißt Christlich-Sozial?, Ges. Aufsätze, Heft I, Leipzig ²1896, S. 1–29, S. 6.

82. »Auch wir von der ›Christlichen Welt‹ standen seit dem ›Arbeiterkatechismus‹ (1888) in Naumanns Bann. Die Frage ›Kann ein Sozialdemokrat Christ sein?‹, ›Kann ein Christ Sozialdemokrat sein?‹ bewegte uns unausgesetzt.« (M. Rade, Die Geschichte des Evangelisch-sozialen Kongresses. Vor fünfzig Jahren, in: Evangelisches Ringen um soziale Gemeinschaft. Fünfzig Jahre Evangelisch-sozialer Kongress 1890–1940. Unter Mitarbeit v. M. Rade, I. Voelter, W. Goetz, H. Schlemmer hrsg. v. J. Herz, Leipzig 1940, S. 11f.).

83. *Vgl. dazu*: D. Düding, Der Nationalsoziale Verein 1896–1903. Der gescheiterte Versuch einer parteipolitischen Synthese von Nationalismus, Sozialismus und Liberalismus (Studien zur Geschichte des 19. Jahrhunderts, Bd. 6), München/Wien 1972.

84. *Vgl.*: EOK. Acta betreffend den früheren Prediger an der St. Gertraud Kirche in Frankfurt a. O., Paul Göhre zu Leipzig vom August 1897: Personalia Lit. G. Nr. 47, Archiv der EKU, Bereich BRD und Berlin West, Berlin; ›Vorwärts‹ vom 30. 12. 1900. (›Christentum und Kirche‹); K. Vorländer, Sozialdemokratische Pfarrer, S. 462ff.; J. Brenning/Chr. Gremmels, a. a. O. (vgl. Anmerk. 1), S. 300f.

85. P. Göhre, Wird die Sozialdemokratie siegen?, in ChW 6/1892, Sp. 88–92, Sp. 88f.

Chemnitzer Rede ›Wie ein Pfarrer Sozialdemokrat wurde‹, »daß ich auch als Parteigenosse mein evangelisches Christentum – so wie ich es verstehe – nicht aufzugeben gesonnen bin, daß ich auch als *Sozialdemokrat Christ* in meinem Sinne bleiben werde«[86]. *Zusammenfassend läßt sich daher sagen*: Göhre, der zur Realisierung *politischer* Identität *innerhalb der Kirche* seiner Zeit keine Möglichkeit sah und *außerhalb der Kirche* nicht gewillt war, auf die Verwirklichung *religiöser* Identität zu verzichten, bricht für seine Person mit der gängigen Vorstellung, der »Grad der Kirchlichkeit des Individuums ... sei (das Maß) für den Grad seiner Christlichkeit«[87]; für ihn wie »für die neuzeitliche Welt des Protestantismus gilt vielmehr der Grundsatz: Christlichkeit und Kirchlichkeit sind nicht dasselbe«[88]. Diesen ›Grundsatz‹ an dem Eröffnungssatz von ›Drei Monate Fabrikarbeiter‹ verdeutlichend (»Anfang Juni des vorigen Jahres hängte ich meinen Kandidatenrock an den Nagel und wurde Fabrikarbeiter«), muß daher die Frage offengehalten werden, ob Göhre nicht zu verwirklichen versucht haben kann, was bei R. Rothe noch Forderung war: auf »einen besonders zugeschnittenen Rock für das ... Christenthum« zu verzichten[89].

9. Neuprotestantismus

Zwei Gründe sprechen dafür, daß Göhre zur Zeit von ›Drei Monate Fabrikarbeiter‹ von einem ausdrücklichen Interesse an der Theologie bestimmt wird; der *eine* Grund läßt sich an der Art und Weise verdeutlichen, in der der anonyme Beobachter die ihm fremde Ar-

---

86. P. Göhre, Wie ein Pfarrer Sozialdemokrat wurde, a. a. O. (vgl. Anmerk. 3), S. 4; (Hervorhebung d. Verf.).

87. R. Rothe, Stille Stunden. Aphorismen aus R. Rothes handschriftlichem Nachlaß, Wittenberg 1872, S. 346.

88. T. Rendtorff, Christentum außerhalb der Kirche. Konkretionen der Aufklärung (Stundenbücher Bd. 89), Hamburg 1969, S. 9.

89. R. Rothe, a. a. O., S. 347; *vgl. auch*: »Der Kirchenrock der Geistlichen muß auch noch abfallen und die Kanzel sich in die Mitte der Gemeinde herablassen« (a. a. O., S. 333). *Vgl. dazu*: H. Symanowski/F. Vilmar. Die Welt des Arbeiters. Junge Pfarrer berichten aus der Fabrik, Frankfurt 1963.

beitswelt in den vertrauten Bildern seiner kirchlich-religiösen Erfahrungswelt sich anzueignen versucht. Die Fabrik, in der er arbeitet, so heißt es bei ihm:

»erinnerte mich immer an das Innere einer Kirche ... Auf dem östlichen Ende ... war ein weiter geräumiger Platz geschaffen, lichter und freundlicher – gleich dem Altarplatze ... Und wo in unsern Kirchen oft die Sakristeien zu sein pflegen, stand hier das Maschinenhaus mit dem eisernen stöhnenden Ungeheuer, das seine riesigen Kräfte durch den ganzen Raum ausströmte und Dutzende schwerer Maschinen und hundert Menschen in Atem und Bewegung hielt. Daneben ragte der große Schornstein auf, dessen rußige rauchende Spitze auch zum Himmel wies. Zwar fehlte Glockenschlag und Orgelton. Aber dafür brausten andre gewaltige Töne unaufhörlich durch die Halle: das Gehämmer und Gefeile der Schlosser, das Ächzen und Dröhnen der Maschinen, das Quietschen und Schlagen der Räder. Und was die schwarzen blaukitteligen Männer da schafften – wars nicht auch ein Gotteswerk, ein Gottesdienst? Konnte es nicht wenigstens einer sein?« (42f.)

Der Vergleich zwischen ›Fabrik‹ und ›Kirche‹[90], zwischen ›Maschinenhaus‹ und ›Sakristei‹, der ›Schornstein‹, dessen Spitze ›auch‹ zum ›Himmel‹ weist: diese Bilder zeigen, wie der Zugang zur Welt industrieller Fertigung durch zentrale Thematiken der christlich-kirchlichen Lebenswelt erschlossen wird; noch wird hier die These, ob menschliche Maschinenarbeit »nicht auch ein Gotteswerk, ein Gottesdienst« sein kann, in Gestalt einer Frage offengelassen. Drei Jahre später hat diese Frage bei F. Naumann ihre Entscheidung gefunden: »Die Maschine ist nichts Unchristliches, denn Gott will sie. Gott redet zu uns durch die Thatsachen der Geschichte. In Thatsachen hat er seit Jahrzehnten lauter und lauter zum Christenvolk gesprochen: Ich will die Maschine. Wer konnte sie aufhalten, da Gott sie wollte? Alle Seufzer der Christen haben den Fortschritt nicht hemmen können. Sie kommt, sie kommt, die neue Zeit, sie kommt von Gott. Das ist die Hauptwahrheit, die wir uns heute einprägen wollen: Gott

---

90. »Seltsam berührt der, namentlich für einen von der Theologie, traurige Vergleich einer Fabrik mit einer Kirche.« (E. Wenzel, Drei Monate Fabrikarbeiter, in: Monatsschrift für Christliche Social-Reform 13/1891, S. 414–416, S. 416).

will den technischen Fortschritt, er will die Maschine.«[91]

Mit diesen Äußerungen ist der *zweite* Grund für das von Göhre und Naumann gemeinsam verfolgte theologische Interesse angesprochen; beide stehen vor der Aufgabe, die neue industrielle Welt und das christliche Bewußtsein historisch gleichzeitig werden zu

---

91. F. Naumann, Der Christ im Zeitalter der Maschine, in: Ders., Was heißt Christlich-Sozial?, a. a. O., S. 30–41, S. 35. Zur Vorgeschichte der *theologischen Identifikationsfigur* ›Gott will die Maschine‹ vgl. die aus der Erweckungsbewegung stammende Bemerkung von J. Falk (1768–1826): »Eine Grundidee von deutscher Volkserziehung ist durch unsere Anstalt im Fundament erfaßt. Luther und die Bibel rufen auf der einen Seite: Bete! und hundert sausende Webstühle und hämmernde Ambosse und Schmieden antworten auf der anderen Seite: Arbeite! Wenn dieser fromme Kinderchorus recht zusammen klingt und singt, so gibt das einen schönen feurigen Dankpsalm.« (J. Falk; zit. n. G. Brakelmann, Die soziale Frage des 19. Jahrhunderts, Witten [2]1964, S. 117). Für Göhre ergibt sich durch *Umkehrung* dieser Denkfigur ein theologisches Kriterium zur Kritik der industriellen Arbeitsorganisation; gegen die ›Schablonenarbeit‹ genannte repetitive Teilarbeit sich wendend, sagt Göhre z. B.: In der Fabrik »gab es Arbeiten zu verrichten, von denen man mit Recht sagt, daß sie aller sittlich erziehenden Momente, wie sie die evangelische Auffassung der Arbeit fordert, bar sind, bei denen der Mann, selbst wenn er es wollte, gar nicht die Möglichkeit hatte, Streben, Sorgfalt, Fleiß zu beweisen, ... wo er vielmehr willenlos, gedankenlos, kraftlos nur immer dasselbe Stahlblättchen an immer derselben Stelle durch immer dieselbe Handbewegung in immer demselben Tempo durchlochen zu lassen oder nichts als Maschen, immer Maschen zu zählen hatte, Tag um Tag und elf Stunden an jedem – Arbeiten, die für einen strebsamen, vorwärtsdrängenden Mann in der That *kein Gottesdienst* mehr sind, *sondern Höllenqual.*« (46; Hervorhebung d. Verf.). *Und*: »Man denke ... an die elf- bis zwölfstündige Arbeit in der tosenden, schwülen Fabrik; wie schwer läßt sich darauf der evangelische Gedanke vom Berufe, den wir so oft verkündigen, anwenden!« (95). »Man mag es« dem Fabrikarbeiter »zehnmal sagen, daß auch seine Arbeit ein *Gottesdienst* und ein innerer *Segen* für ihn sei – er wird dabei bleiben, daß sie ein menschenunwürdiger *Frohndienst* und eine *Flucharbeit* für ihn ist. Und damit hat er so Unrecht nicht. Er giebt eben bei der heutigen Produktionsform eine Art Arbeit, die die Menschen mit keinem andern Gedanken erfüllt als: Los von ihr! ... Und darum scheint es mir viel ... evangelischer zu sein, dieser Arbeitsform gegenüber in erster Linie darüber nachzudenken, wie sie durch wirtschaftliche Neuordnungen und technische

lassen, sie miteinander zu ›vermitteln‹[92]; anders formuliert: Die von der Industrialisierung beschleunigten Modernisierungsprozesse, in deren Vollzug sich mit der ländlich-handwerklichen Wirtschafts- und Sozialstruktur auch die traditionelle Bindung an die Kirche in die Gleichgültigkeit auflöst, die Göhre beobachtet: »Ich gehe fast nie mehr in die Kirche, das haben wir ja alles schon in der Schule genug gehabt« (91); »Ich wenigstens kümmere mich nicht mehr um das Zeug und gehe um jede Kirche weit herum« (87)[93]; die kirchlich-

---

Verbesserungen zu beseitigen ist, oder ... darauf zu dringen, daß sie für den Einzelnen auf ein möglichstes Minimum beschränkt wird.« (P. Göhre, Antwort [auf ›Gegenrede über Bellamy‹], in: ChW 6/1892, Sp. 534–538, Sp. 536; Hervorhebung d. Verf.).

92. Vgl. dazu den Vorwurf der ›Nationalzeitung‹, die einen Rückblick auf die Geschichte des ›Evangelisch-sozialen Kongresses‹ in der Bemerkung ausmünden läßt: »... die Leute, vor denen er (sc. A. Stöcker) ständig mehr an Boden verlor, waren die aus der Vermittlungstheologie hervorgegangenen Vermittlungssoziologen, an ihrer Spitze Naumann und Göhre.« (Nationalzeitung vom 23. 5. 1899. Akten des EOK, Gen. XII, 86, Vol. II, Bl. 20).

93. »Man hat eben, das ist ein neues scharfes Charakteristikum, durchgängig nicht das geringste Bewußtsein mehr von Schuld und Sünde« (86). Nicht aus Haß, sondern eher mit Verachtung wird seitens der Göhre sich Anvertrauenden von den Pfarrern als den ›Pfaffen‹ gesprochen, die doch »selbst an der ganzen Feindschaft des Volkes gegen die Kirche schuld ... sind. Denn sie haben Partei für die ›großen Herren‹ genommen« (88): Der Pfarrer, der sagt, »... mit neun Mark könnte eine Familie in der Woche gut auskommen, und er selber hat 83 Mark! Und kommt doch nicht damit aus! ...«; der Prediger, der »immer« davon spricht, »daß er keinen Unterschied zwischen reich und arm mache, und macht ihn immer, besonders bei Trauungen und Taufen« (88f.); Kasualien, bei denen – wie ein dritter Gewährsmann Göhre berichtet – »die Geistlichen den Reichen, die es bezahlen könnten, viel schönere Taufen, Trauungen, vor allem aber Begräbnisfeierlichkeiten hielten, als den unvermögenden Arbeitern« (90). Und schließlich als »weitverbreitete Meinung in der Fabrik« eine Einstellung, die von Göhre in den Worten zusammengefaßt wird: »... die längst überholte, innerlich unwahre, in ihrem Leben tote Kirche ist heute nichts als ein sehr erwünschtes und kräftiges Polizeiinstitut des bestehenden Staates, der es eifrig und künstlich aufrecht erhält« (86). – »Es fehlt ... nicht an Anklagen« schreibt M. Rade ebenfalls 1891: »Und die schlimmste sehe ich in der Thatsache, daß wir von Millionen unsers Volkes heute als Klassenpastoren angesehen und abgelehnt werden. Wohlverstan-

christliche Bildung, die zunehmend durch die »neue ... sozialdemokratische Bildung« (78; vgl. auch 80) ersetzt wird – es ist diese *Negativität* der ›Entkirchlichung‹:

»Die alten Gebilde und Denkformen, in die der Glaube des Christentums bisher gefaßt und geprägt war, sind in der Masse der großindustriellen Fabrikarbeiter für immer zerstört ... Nun wächst eine Welt ohne Gott da unten herauf ...« (92f.), *denn*: »Es geht den modernen ... Arbeitern wie den Angehörigen unsrer Mittelstände ... – sie, die sich wie alle tiefer empfindenden Menschen nach wahrhaftem Frieden sehnen, können ihn im Christentum nicht mehr finden, weil ihnen seine ewig unveränderlichen Heilsgüter in einer Form und Fassung dargeboten werden, die für sie *heute unannehmbar* ist« (112; Hervorhebung d. Verf.),

aus der sich die *Positivität* einer Reflexion entwickelt, die Göhre die programmatische Forderung aufstellen läßt:

Wenn die Arbeiter und der Mittelstand »weder die Zeit noch die Bildung« haben, »selbst diese Form und Fassung zu zerbrechen«, in der ihnen das Evangelium dargeboten wird: »Nun wohl, so müssen wir, die Diener der Kirche, dies weggeworfene Gut wieder aufheben, müssen die Arbeit, die jene heute nicht thun können, oft schon nicht mehr thun wollen, für sie thun, die alten Formen zerbrechen und ... die ... Wahrheit unsers Glaubens in neuen Gedankenkreisen, in neuen Ausprägungen, in *Auffassungen, wie sie dem modernen Menschen allein kongenial sein können*, übermitteln« (112f.; Hervorhebung d. Verf.).

Die *kritische* Einsicht, daß bestimmte ›Denkformen‹ von dem ›modernen Menschen‹ als ›unannehmbar‹ aufgefaßt werden, wird hier zum Fundament einer *konstruktiven* Anstrengung, welche den

---

den, nicht daß sie unsre Lehre schelten, ist das bedenkliche, sondern daß sie kein Vertrauen zu unsrer Person haben um unsrer sozialen Haltung willen«. (M. Rade, Unsre Landgemeinden und das Gemeindeideal [Evangelisch-soziale Zeitfragen II, 1], Leipzig 1891, S. 15; mit Hinweis auf die sozialdemokratischerseits geübte Kritik des kirchlichen Gebührenwesens – hier insbesondere der *›Stolgebühren‹* [*vgl. dazu*: RE³, XIX, S. 67–75; RGG³, VI, Sp. 388–389, LThK, IX, Sp. 1092f.], deren von der ›Christlichen Welt‹ geforderte Abschaffung [vgl. ChW 4/1890, Sp. 538–541. 614. 663] in Preußen 1892 erfolgt).

»Glaube(n) des Christentums« in »neuen Ausprägungen« vermitteln will, »... in Auffassungen, wie sie dem modernen Menschen allein kongenial sein können«. In der Anerkennung, die diese konstruktive Absicht bei M. Rade findet (es gilt »den modernen Arbeitern ein modernes Christentum bieten!«)[94], wird als neuprotestantisches Prinzip jene »Versöhnung zwischen modernem Denken und Christentum«[95] erkennbar, an der in der Tradition R. Rothes auch Göhre Anteil hat: »Uns modernen Leuten allesamt sind die altchristlichen Vorstellungen ... von Himmel, Hölle ... u. dergl. m. zu Grunde gegangen, den meisten aber mit diesen Vorstellungen auch die betreffenden Dinge selbst, mir aber keineswegs auch diese«[96]. Mit R. Rothe beginnend läßt sich diese neuprotestantische Absicht, in der sich kritische Einsicht und konstruktive Anstrengung miteinander verbinden, über Göhre hinaus bis in die gegenwärtige theologische Diskussion verfolgen; als der Versuch, »den alten Glauben neu zu verkündigen« (Harnack)[97], ist neuprotestantisches Erbe überall dort gegeben, wo theologische Reflexion sich aus dem Willen begreift, gegen die aus dem Bewußtsein scheidenden *Vorstellungen* das in ihnen *Vorgestellte* bewußt zu halten: Die Einsicht, daß »die Zeit der Innerlichkeit und des Gewissens, und das heißt eben die Zeit

94. M. Rade, Drei Monate Fabrikarbeiter und Handwerksbursche, Sp. 581.

95. E. Hübner; zit. n. H.-J. Birkner, Über den Begriff des Neuprotestantismus, in: H.-J. Birkner/D. Rössler (Hrsg.), Beiträge zur Theorie des neuzeitlichen Christentums, Berlin 1968, S. 1–15, S. 11 – *Zu Herkunft und Funktion des Begriffs ›Neuprotestantismus‹ vgl. u. a.*: E. Troeltsch, Protestantisches Christentum und Kirche in der Neuzeit, in: P. Hinneberg (Hrsg.), Die Kultur der Gegenwart, Teil I, Abt.: IV/1, Leipzig/Berlin 1906, S. 253–458; Ders., Ges. Schriften, Bd. I, Tübingen 1912; H. Stephan, Die heutigen Auffassungen vom Neuprotestantismus (Vorträge der theologischen Konferenz zu Giessen, Heft 32), Giessen 1911; K. Leese, Die Religion des protestantischen Menschen, München ²1948, S. 58–99; W. v. Loewenich, Luther und der Neuprotestantismus, Witten 1963; T. Rendtorff, Kirche und Theologie. Die systematische Funktion des Kirchenbegriffs in der neueren Theologie, Gütersloh ²1970.

96. R. Rothe, Stille Stunden, S. 269f.

97. A. v. Harnack, Diskussionsäußerung, in: Die Verhandlungen des 32. Evangelisch-sozialen Kongresses, Göttingen 1925, S. 52.

der Religion … vorüber« ist, die bei D. Bonhoeffer konstruktiv in die Anstrengung einer ›nicht-religiösen Interpretation biblischer Begriffe‹ aufgenommen wird[98]; der Gedanke, daß das neutestamentliche Weltbild »für den Menschen von heute unglaubhaft« geworden ist, der bei R. Bultmann positiv in das Programm der ›ent-mythologisierenden Interpretation neutestamentlicher Texte‹ umgesetzt wird[99] – zwar ist nicht zu übersehen, daß sich diese neuprotestantisch geprägten theologischen Konzeptionen hinsichtlich dessen voneinander unterscheiden, was von ihnen jeweils für den ›modernen Menschen‹ als *›zu Grunde gegangen‹* (Rothe), *›unannehmbar‹* (Göhre), *›vorüber‹* (Bonhoeffer) oder *›unglaubhaft‹* (Bultmann) vorausgesetzt wird; und doch stimmen diese Positionen in *einem* Punkt alle überein – darin, daß es der Begriff ›moderner Mensch‹ ist, der als Appellationsfigur in den ›Umformungskrisen‹ des Protestantismus (E. Hirsch) dasjenige Kriterium nennt, an dem neuprotestantische Reflexion in ihrem Wahrheitsbewußtsein theologisch gemessen werden will. Da, was im Horizont jeweils gegebener Modernität ›unannehmbar‹ geworden zu sein scheint, nur die Objektivationen des christlichen Bewußtseins tangiert, nicht aber dieses selbst, kann der Neuprotestantismus sein Schicksal *positiv* identifizieren: »Das Christentum kann nicht bleiben, wie es in irgend einem geschichtlichen Momente gerade ist. Überliefert es sich eine Zeitlang unverändert fort, so ist dies ein Zeichen davon, daß sein Leben erschlafft ist …«; *und*: »Das Christentum ist das allerveränderlichste, das ist sein besonderer Ruhm.«[100]

---

98. D. Bonhoeffer, Widerstand und Ergebung. Briefe und Aufzeichnungen aus der Haft, hrsg. v. E. Bethge (Siebenstern-Taschenbuch Bd. 1), München/Hamburg 1964, S. 132.

99. R. Bultmann, Neues Testament und Mythologie, in: H.-W. Bartsch (Hrsg.), Kerygma und Mythos, Bd. 1, Hamburg-Bergstedt [5]1967, S. 16.

100. R. Rothe, Ges. Vorträge und Abhandlungen Dr. R. Rothes aus seinen letzten Lebensjahren. Eingeleitet v. F. Nippold, Elberfeld 1886, S. 94f.; Ders., Stille Stunden, S. 357.